회사는 절대 가르쳐주지 않는 일 잘하는 법

일타 사수의 업무력 노트

회사는 **절대** 가르쳐주지 않는 일 잘하는 법

일타 사수의 업무력 노트

장은영 지음

미래의창

따사로운 햇살이 카페 창가에 내리쬐고, 김이 모락모락 올라오는 아메리카노 한 잔이 소소한 행복을 가져다준다. 직장인에게 업무 시간 중 가장 행복하다는 점심시간이다. 아끼는 후배 지수는 한참을 남자친구 이야기, 친구의 친구 이야기를 늘어놓고 있다가 "아, 회사생활 쉽지 않아요"라면서 기승전'회사'로 화두가 넘어갔다. 그렇다. 우리는 늘 이렇게 현실로 돌아온다.

직장인들은 항상 회사 가기 싫어하고, 출근하자마자 퇴근하고 싶어하며, 회사 밖에서는 죽어도 회사 이야기를 하지 않겠다고 하면서도 어느새 회사 이야기를 늘어놓는다. 얼마 전 카페에서 만난 선배도 앉자마자 회사 이야기다. "회사 사람들과 이야기하다 보면 재미있는 게 뭔지 알아? "너 일 못해?"라고 물으면 '그렇다'고 대답하는 사람은 거의 없다. 정말 조직에서 문제인 사람마저도 "아닌데, 나 그래도 일 꽤 하는데"라고 하거나 심지어 "저는 잘하는 편인데요"라고 대답한다니깐."

컨설팅 업계의 특징 중 하나는 업무 성과와 수준에 대해 모두가 항상 서로를 평가하고 있다는 것이다. 일 하나 시켜보고 업무 성과에 대해 소위 말해 '각 나온다'고 말하는 곳이 컨설팅 업계다. 선배의 말을 듣다 보니 문득 그런 생각이 들었다.

나는 일잘러일까? 일못러일까?

나는 수많은 대기업, 중소기업, 공기업 고객들을 상대하면서 내부 업무 리뷰나 고객과의 회의, 보고 등을 할 때마다 '와우, 나의 업무 역량은 정말 대단해! 나는 오늘도 한 건 했다'라는 생각보다는 '흠, 무사히 끝났지만 뭔가 아쉬워. 나는 잘하고 있는 걸까'라는 생각을 더 많이 했던 것 같다.

하지만 15년 가까이 경영 컨설턴트로 일하다 보니 많은 일잘러 동료들, 선배들, 후배들을 만나오며 이제는 나름의 객관적인 기준이 생겼다. 일시적인 평가나 주변 사람들의 평판은 상당히 주관적일 수 있지만, 그럼에도 일잘러 또는 일못러의 기준은 성과평가 결과라는 것이다. 일잘러라는 이야기를 듣는 사람들의 성과평가는 대부분이 'A등급 이상'이다. 자, 이제 내 성과평가 결과를 들여다보자. 나는 일잘러가 맞을까?

일 잘하고 싶은 이유

신입사원 시절, 나는 가혹할 만큼 '일을 잘하려면 어떻게 해야 할까'를 끊임없이 고민했다. 이 질문에 내가 가장 먼저 시작한 것은 '선배 관찰하기'였다. 바빠 죽겠는데 일하랴, 선배 관찰하랴 정말 꽁지가 빠질 것 같았지만, 일 잘한다고 소문난 선배들을 관찰하면서 내게 적용해보는 일은 남들은 모르는 나만의 방법을 쌓는 것 같아 뿌듯했다.

'이 선배는 정말 깔끔하게 커뮤니케이션하네, 고객과 대화가 아주 프로페셔널해, 정 선배는 팀워크 구도를 정말 잘 만드는구나, 김 선배는 보고서 논리를 정말 정확하게 쓴다…' 사수부터 시작해서 팀장, 옆 팀장, 임원까지, 그들의 일하는 방식을 여러 번 곱씹고, 배우려고 노력하면서 이제는 내 스타일을 찾게 됐다.

그런데 나는 왜 그렇게 일을 잘하고 싶었을까? 이런 주제에 대놓고 관심이 많은 나를 보고 사람들은 '승진하고 싶은 거 아니냐, 욕심이 많다, 정치적이다'라고 하기도 했지만, 나는 대단하고 유명하고 레전더리한 슈퍼스타가 되고 싶었던 적은 없다. 초고속으로 임원이 되고 싶었던 것은 더더욱 아니다. 나는 그저 어차피 해야 할 일이라면 덜 스트레스 받고 더 효율적으로 일하고 싶었다. 회사에서 보내는 하루 8시간이나 되는 내 시간을 허투루 쓰고 싶지 않았다. 어쩌면 우리 모두가 일을 잘하고 싶은 이유도 생각보다 소소하고, 현실적인 이유일지도 모른다. 그렇게 일하다 보니 "장은영이 하면 이 정도 퀄리티는 나오는구나"라는 말을 듣게 됐고, 열심히 해서 회사에 들어왔으니, 이왕이면 그 일로 성장하고 싶다는 생각이 들었다. 내 일을 잘하고 싶었다.

그런데 일을 잘하기 위한 코칭이며, 피드백이며 하는 것들은 유행이 좀 지난 것 같기도 하다. 그렇다면 이제 많은 사람들이 '내가 어떻게 하면 일을 잘할 수 있는지'에 대해 회사로부터, 상사로부터, 선배로부터 피드백을 잘 받게 됐을까? 답은 '아니다'다. 회사는 여전히 일하는 법을 알려주지 않는다. 나 역시 수많은 동료들과 후배, 선배와 고민을 주고받으며 일하는 법을 터득했다.

이 책은 어떻게 일해야 하는지, 직장인이라는 이름으로 살아가는 우리 모두의 고민에서 시작됐다. 한 번에 슈퍼맨이 될 수 없어

슬펐던 주니어 경영 컨설턴트의 고군분투했던 노력뿐 아니라 많은 후배들의 고민을 듣고 조언했던 자칭 타칭 '퇴사 상담자'의 여정을 모두 담았다. 거기에 일잘러의 특성을 녹이고, 나에게 좋은 평가를 준 상사들의 의견을 수집하여 작은 가이드라인을 더했다.

나는 켜켜이 쌓인 고민과 조언들을 잘 정리해 윤을 내면 누군가에게는 소중한 참고자료가 될 것이라 믿는다. 그래서 책을 쓰면서도 하나하나의 주제들에 대해 후배들과 많은 이야기를 나눴다(주로 내가 그들에게 배우는 시간이었다). 회사에서 '모르겠습니다'라는 말을 어떻게 해야 할지 모르겠다는 A는 '모르겠습니다를 현명하게 말하는 법'을 보더니 "바로 이거지! 지식인에 쳐도 안 나왔던 내용이 여기 있네" 하면서 내 팔을 막 때렸다. 내일이라도 퇴사하고 싶다고 한참을 짜증 내던 B는 '버티는 것의 가치'에 대한 내용을 듣더니 "그래, 나 이거 보고 딱 6개월만 버텨볼 거다"라고 말했다. 회사에서 까이지 않고 하루를 보내는 게 목표인 C는 '일잘러의 기본은 메모' 편이 제일 좋다고 했다.

나는 오늘도 출근했다. 내가 바라는 건 회사에서 무사한 하루를 보내는 것. 자, 이제 마음속에 하나님, 부처님, 성모마리아님, 다양한 신들께 기도해본다. '이왕이면 회사에서 조금만 더 웃으면서 일하게 해주세요. 스트레스 지수는 10 중에 4 이하로 맞춰졌으면 좋겠고, 뻘짓하지 않고 아주 조금만 더 효율적으로 일해서 오늘은 제

시간에 퇴근할 수 있도록 해주세요' 하고 말이다.

지금 나와 같은 기도를 하는 사람이 있다면, 이 책이 도움이 되리라 믿는다. 공부도 공부하는 기술이 필요하듯, 일을 잘하기 위해서는 일하는 기술을 터득해야 한다. 일하는 기술은 회사마다 사람마다 천차만별이라 '나에게 맞는 기술'을 찾는 것이 중요하다. 그래서 파트 1부터 5까지 순서대로 전부 읽을 필요도 없다. 큰 제목이나 내용 안의 소제목들을 살펴보고 본인에게 필요한 부분만 쏙쏙 골라 읽으면 된다. 학창 시절 일타 강사를 따라 '나만의 공부법'을 키워나갔던 것처럼 이 책은 어떻게 일해야 하는지 고민인 모든 직장인들에게 일하는 기술을 공유하고, 어떻게 하면 '나만의 업무력'을 키울 수 있는지 같이 고민하는 책이 되어줄 것이다.

차례

Part 5
인간 관계

힘들지만 나를 위해 버텨보려면

뻘짓으로 내 시간을 낭비하지 않으려면

1

회사 일은
문제를 해결하는 것

문제를 정의하는 것부터 시작하라

신입 컨설턴트 시절, 며칠을 고생해서 만든 PPT와 엑셀 파일을 가지고 선배에게 갔다. "선배, 리서치해보니 현재 건설 시장 환경은 이렇게 변화하고 있고, 경쟁사들의 대응을 보니 비관련 다각화를 통해 비즈니스 모델을 확장하고 있습니다." 전문적이고 멋져 보이는 단어들을 총동원하여 나의 노력을 '있어 보이게' 말하고 싶었다. 마치 '선배, 제 실력 어때요?' 하는 것처럼. 그런데 한참을 듣던 선배는 무표정으로 이렇게 물었다.

저보고 어쩌라고요?!

"그래서 문제가 뭐야?"

열심히 시장 환경에 대해 리서치해갔는데, 문제가 뭐냐니. 쾅
하고 머리를 한 대 맞은 느낌이었다. '당신이 시장 리서치 해오라고
해서 한 건데요'라는 대답이 목구멍까지 올라왔다. 회사어를 써서
그나마 순화된 표현이지 듣기에 기분 좋은 말은 아니었다. 나를 무
시하는 발언 같기도 하고, '왜 뻘짓을 했냐'며 비웃는 느낌이었다.
이렇게 면전에다 대고 점잖게(?) 욕을 하다니.

나는 보고서를 다시 쓰기 위해 감정을 진정시키고 만들어놓은 자료를 천천히 살펴봤다. 그런데 '내가 이 리서치를 왜 한 거지? 선배는 어떤 생각으로 어떤 결과를 원해서 이 리서치를 시킨 걸까?' 라는 생각이 들었다. 시장 트렌드가 변화한 부분을 알고 싶었던 건지, 고객사와 경쟁사의 차별점을 알고 싶었던 건지, 나는 리서치를 하기 전에 이 일을 왜 하는지부터 생각했어야 했다.

대체 뭐가 문제일까

이때부터였을까, 컨설턴트의 직업병이라고 할 만큼 나는 모든 사안에 '문제가 뭐지?'라는 질문부터 한다. 문제가 무엇인지 정확하게 파악되지 않으면 일을 시작하지 않는 습관이 생겼고, 그럼에도 빨리 일을 시작해야만 하는 경우에도 중간중간 '이 일이 무슨 문제를 해결하기 위한 일인지'를 고민한다. 컨설팅 회사에서 컨설턴트 면접을 볼 때 가장 중요하게 생각하는 요인 중 하나도 바로 이 '문제해결능력'이다. 컨설턴트들이 어느 회사에 가도 업무적으로 빠르게 적응하는 이유도 문제해결능력이 몸에 배어 있기 때문이다.

그런데 우리는 문제해결능력이라는 말을 지겹게 들어왔다. 포털사이트 시사상식사전에는 문제해결능력을 'NCS 직업기초능력 10개 영역 중 하나로 문제 상황이 발생했을 경우 창조적이고 논리적인 사고를 통해 이를 적절하게 해결하는 능력. 하위능력으로 사고력과 문제처리능력이 있다'라고 정의한다. 모든 공기업과 주요 대기업에서 채택하고 있는 기초능력 중 하나지만, 의외로 직장인들이 잘 사용하지 않고 있는 능력이기도 하다. 더 놀라운 것은 주요 대기업에서 일 잘하는 사람들의 공통 역량이자 대다수 직원에게는 없는 역량으로 이 문제해결능력을 꼽는다는 것이다.

누군가 나에게 문제해결능력이 무엇인지 묻는다면, 문제를 명확히 정의하고 이를 해결하기 위한 대안을 정확히 도출해내는 역량이라고 말한다. 그리고 문제해결능력의 시작은 '문제를 명확히 정의하는 것'부터 시작한다는 것을 한 번 더 강조해 말해준다. 시작이 반이라는 말이 있듯이 문제를 명확히 정의할 수 있다면 뒤에 풀어나가는 과정은 생각보다 어렵지 않다.

우리는 일상생활에서 문제해결의 순간에 자주 직면한다. 친구들끼리 여행을 가려고 하는데 한 명이 뭔가 불만이 있는 것 같다. '왜일까, 뭐가 문제일까'를 풀어나가기 시작하면, 그 친구가 생각하는 여행 예산과 다른 사람들이 생각하는 예산의 기준이 다르기 때문이었다. 이를 해결하려면 먼저 예산 수준을 통일하고, 다시 논의를 시작하면 된다. 가족 식사를 하는데 아빠가 뭔가 불편해 보인다. 알고 보니 아빠는 술을 한잔하고 싶었는데 이야기하기 조금 껄끄러웠던 것이다. 문제를 알고 나면 해결은 쉽다. 술 한 병을 시켜서 먹고 싶은 사람만 먹기로 한다.

회사에서는 문제해결의 순간을 더 자주 마주한다. 우리가 그것을 문제의 관점으로 보지 않아서 인지하지 못했던 것뿐이다. 구매팀의 원가절감방안 보고서는 제품의 높은 원가율(문제)을 해결하기 위한 것이고, 마케팅팀에서 올해의 차별화된 마케팅 방안을 도출하는 작업은 작년까지의 마케팅이 다소 진부하여 성과가 미진한 것 같아(문제) 색다른 것을 시도하기 위함이다. 기술팀에서 신기술을 개발하는 이유는 경쟁사들의 기술 수준이 우리 회사와 유사해졌기 때문(문제)이다. 우리는 매일 매 순간 수많은 문제해결을 해나가며 살아가고 있다.

문제를 해결하고 싶다면 '투와이'를 외쳐보자

그렇다면 일잘러들은 어떻게 문제를 해결할까? 수많은 문제해결 방법이 있지만, 가장 핵심은 Why를 여러 번 생각하는 것이다. 그건 이미 다 알고 있다고, 여러 책에서 언급하는 내용이라고 말하겠지만, 주변을 살펴보라. 이를 실천하고 있는 사람이 몇 명이나 있을까? 내가 일을 할 때 Why를 생각했던 적이 있었을까?

Why를 생각하는 구체적인 실천 과제는 2단계가 있다. 나는 이를 '투와이$_{2\,Why}$'라고 이름 붙여보았다.

1단계. 업무 자체에 대한 Why를 생각해보자

'이 일은 지금 왜 필요한가?', '도대체 문제가 무엇인가?'가 질문 콤보 세트다. Why를 생각하다 보면 문제가 무엇인지에 대한 질문으로 자연스럽게 넘어간다. 어느 날 팀장이 "상무님이 지시하셨는데, 우리 회사 각 사업부 간 협업으로 프로젝트를 진행했던 건수를 데이터로 뽑아올래요?"라고 말했다면, 일을 시작하기 전에 딱 한 번만 생각해보자. '왜 갑자기 협업 건수를 보려고 하실까? 앞으로 협업이 더 증가하는 방향으로 가야 하는데, 현재 협업이 너무 적은 것은 아닐지(문제) 고민하시는 걸까?'

일을 시작하기 전에 팀장에게 Why에 대해 질문하는 것도 좋다. 사전에 질문하기 어렵다면 업무를 마친 후라도 내가 생각한 Why에 대해 팀장에게 확인해봐야 한다. "팀장님, 협업 건수는 이렇게 정리했는데요. 혹시 현재 협업이 너무 적다고 생각해서 앞으로 협업을 더 확대하는 방향을 고려하고 있는 걸까요?" 이렇게 질문했을 때 "시끄럽고, 거기까진 네가 생각할 필요 없으니, 숫자나 줘"라고 말하는 상사는 없을 것이다.

2단계. 문제의 원인을 잘게 쪼개어 다시 한번 Why라고 질문해보자

문제를 정확하게 이해하기 위해서는 문제와 그 원인을 쪼개고, 또 쪼개고, 계속해서 쪼개나가야 한다. 데이터를 찾아보니 사업부 간 협업이 증가하지 않은 것으로 나왔다. 그렇다면 그 원인이 무엇인지 질문해보는 것이다. '왜 협업이 증가하지 않았을까? 특정 사업부들끼리 경쟁하느라 협업을 안 한 걸까? 사업팀에서 협업을 왜 해야 하는지 몰라서 안 한 걸까? 협업하라는 메시지가 너무 막연하여 협업하는 방법을 모르는 걸까? 협업 관련된 프로그램이 제대로 홍보되지 않아서 그런 걸까?'

원인이 무엇이냐에 따라 추가로 분석해야 하는 부분과 대안이 달라진다. 특정 사업부 간 협업 과정을 보고 싶으면 사업부 단위로 다시 한번 데이터 분석을 해야 하고, 이 부분을 개선하기 위해서는 경쟁이 아닌 협업이 가능한 사업을 정의하거나 협업을 장려하는 제도적 장치를 고민해야 한다. 사업팀의 마인드에 대한 문제가 의심된다면 추후 설문이나 인터뷰를 하는 게 추가 업무가 될 것이다. 대안은 좋은 협업 사례를 발굴하여 여러 사람이 느낄 수 있게 공유하거나 협업을 장려하는 캠페인을 하는 것도 방법이다.

일잘러들은 투와이가 몸에 배어 있어 짧은 시간 안에 문제와 원인 분석, 그리고 대략의 대안까지 생각해낸다. 그러나 이 방법을 처음 해보는 사람이라면 대안 도출은 어려우니 1단계부터 시도해보자. 익숙하지 않은 상태로 2단계를 모두 하다가 오히려 업무 속도만 늦어질 수 있다.

투와이의 매직 효과

투와이를 통해 문제해결능력을 갖추면 일의 정확도를 높일 수 있다. 단순 정리 작업은 Why를 생각하지 않아도 결과물에 영향이 없지만, 보고서를 쓰는 작업은 문제를 파악하지 않으면 잘못된 방향으로 흘러갈 수 있어 애먼 일만 하게 된다. 또한 같은 일을 해도 결과물 보고에 있어서 다른 사람들과 차별화될 수 있다는 장점도 있다. 그리고 무엇보다 스스로 동기부여가 된다. Why를 아는 사람은 내가 지금 이 회사에서 무슨 일을 왜 하고 있고, 무엇에 기여하고 있는지를 명확히 안다. 이는 이직할 때 받는 질문에 대한 답변에서 단적으로 구분된다.

면접관: 이전 회사에서 주로 어떤 업무를 했나요?

평범러: 저는 주로 데이터를 분석하고, 보고서를 쓰는 일을 했습니다.

일잘러: 저는 전 회사에서 사업부 간 협업률을 높이고 시너지를 내기 위한 업무를 했습니다. 협업 데이터를 주기적으로 분석하고, 협업이 잘되지 않는 이유에 대해 고민하고, 개선 방안을 찾는 일이었습니다. 그 결과, 2년간 협업률을 1.5배 가까이 높일 수 있었습니다.

《스타트 위드 와이》의 저자이자 강연자인 사이먼 시넥Simon Sinek 은 "대부분의 평범한 사람들은 무엇을What → 어떻게How → 왜Why

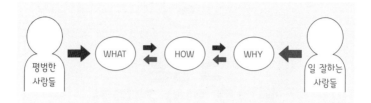

평범한 사람들 → WHAT ⇄ HOW ⇄ WHY ← 일 잘하는 사람들

일 잘하는 사람(WHY부터 생각)과 그렇지 못한 사람(WHAT부터 생각)은 일을 하는 순서부터 차이가 난다.

순서로 생각하지만, 비범한 사람들은 왜Why → 어떻게How → 무엇을What 순서로 생각한다"고 말했다. 하루아침에 일잘러가 될 수는 없겠지만, 그들의 습관을 조금씩 따라 해보는 건 어렵지 않다. 언젠가는 지금 다니고 있는 회사에서 퇴사하겠지만, 일 잘하는 방법은 어딜 가도 활용할 수 있는 나의 자산이 되니 일을 시작하기 전에 외쳐보자.

"그래서 문제가 뭐야? 왜 이 일을 해야 하는 거야?"

2

그 일은
누구를 위한 것인가

업무 타깃 공략법

"내가 우리 팀장 싸이코라고 했지? 싸이코 진짜 맞아. 나 어제도 당했잖아. 팀장이 해외 경쟁사 중 5G 관련 신사업을 하는 회사가 있는지 조사해오라는 거야. 내가 진짜 3일 동안 열심히 조사했거든. 주변에 아는 사람들한테 물어보기까지 했어. 근데 그런 사례는 없는 거야. 그래서 그렇게 보고했지. "팀장님, 저희 경쟁사 중에 그런 회사는 없습니다." 그랬더니 팀장 얼굴이 갑자기 엄청나게 빨개지면서 "없다고요? 진짜 없어요? 그러면 대체 어쩌라는 거죠?" 하면서 화를 내더니 나보고 가보라는 거야. 그러더니 우리 팀에 일 잘한 다고 했던 희수 씨 알지? 희수 씨한테 똑같은 걸 또 시키더라. 진짜 없다는데, 황당해서! 어찌나 자존심 상하던지! 아, 지금 몇 시야? 진짜 집에 가고 싶다."

박 대리의 뒷담화는 오늘도 계속된다. 오늘은 유독 팀장에게 더 화가 나 보인다. 열심히 노력했는데도 결과가 안 나와서 그대로 보고했다거나 상사들이 뭐라 생각하든 '어쩌라고' 하는 어쩌라고 정신을 나쁘다고만 할 수 없다. 그런데 회사에서 절대 하면 안 되는 말이 2가지가 있는데, '없습니다'와 '안 됩니다'다. 진짜 없어서 없다고 말하고 진짜 안 되니까 안 된다고 말하는 건데, 대체 어쩌라는 걸까? 이런 상황에서는 어떻게 말해야 하는 걸까?

결론부터 말하면, '그건 없지만, 이건 어떨까요?', '그건 안 되지만, 이렇게 해보면 가능할 것 같습니다'다. 어차피 같은 말인데 이렇게 말해야 하는 이유는 회사의 모든 일은 '누군가를 위한 일'이기 때문이다.

그가 원하는 맞춤형 답을 찾아라

박 대리 일을 대신 받은 일잘러 희수 씨는 일을 받자마자 팀장에게 다음과 같은 질문을 던졌다.

희수: 팀장님, 이거 누구한테 보고하셔야 하는 거예요? 혹시 고객사에 가져가시는 건가요?

팀장: 아, 이거 내일모레 내가 A 고객사에 방문할 예정인데, 그때 신사업 관련해서 고객사에서 우리 회사에 컨설팅받고 싶은 니즈가 있는지 확인 좀 해보려고. 기획팀 김 상무 알지? 그 사람 만나서 이야기할 때 쓰려고 해.

희수: 그러면 자료를 어느 수준으로 만드는 걸로 생각하세요? 고객사 김 상무님에게 이 자료를 보여주시면서 설명하실 거예요?

팀장: 그날은 다른 이야기를 하러 만나는 거라 신사업에 대해 자세히 이야기할 시간은 없을 것 같아. 잠깐 언급할 수 있는 정도로 정리되면 좋겠네.

다음 날 오전, 희수 씨는 자료를 정리해서 팀장에게 갔다.

희수: 팀장님, 경쟁사들 중 5G 관련 신사업이 있는지 찾아봤는데요, 공식적으로 신사업을 발표한 자료는 없습니다. 다만, A사와 B사는 검토 중이라는 내용의 기사는 있긴 했습니다. 혹시 작년에 A사에서 우리 회사로 이직했던 분이 계시지 않았나요? 팀장님이 한번 이야기해주시면, 그분 통해서 조금 더 알아보면 어떨까요? 직접적으로 5G 관련 신사업을 한다는 말은 아직 없지만, 여기 각 사의 신사업을 정리한 표를

보면, IoT나 스마트홈 관련 사업은 모든 경쟁사가 준비하고 있긴 합니다. 여기에 5G 기술이 사용될 가능성이 있어 보입니다.

팀장: 아, 이 정도면 될 것 같네. A사에서 이직한 사람은 재무팀 정 차장인데, 내가 말해놓을 테니 한번 물어보는 것은 좋은 아이디어인 것 같아. 신사업 정리도 이 정도면 충분해 보여. 어차피 신사업을 발굴하는 프로젝트를 하자는 이야기 정도만 할 거니까 고객사가 관심을 가질 만한 요소들을 이야기해주는 것이 좋을 것 같네. 혹시 우리 회사가 가지고 있는 벤치마킹 방법론도 한 장으로 정리해줄 수 있나? 아무튼 수고했어!

희수 씨 보고의 특징은 무엇일까? 희수 씨도 박 대리처럼 정확한 답을 찾지는 못했다. 다만, 정보를 얻을 수 있을 만한 방법론적인 대안을 제시(이직한 정 차장을 활용)했고, 질문과 관계된 대안들(IoT나 스마트홈 관련 신사업)을 더해줬다. 그녀는 이 자료 조사 결과가 팀장이 고객사 임원을 만나서 이야기할 만한 토킹포인트talking point (이야기할 주제)에 쓰인다는 것을 일을 시작하기 전에 팀장에게 물어 정확히 파악했던 것이다.

우리는 대부분 지시한 내용에 대한 답을 찾으려고 노력하지만, 그 전에 상사가 그 일을 왜 시켰는지, 그가 원하는 맞춤형 답은 무엇인지부터 파악해야 한다. 어렵게 느껴질 수 있지만, 우리는 일상생활에서 누구보다 전략적으로 청자를 고려한 행동을 하고 있다.

학창 시절, 나의 유럽 여행 계획표는 누구를 설득해야 하는지에 따라 조금씩 다르게 커뮤니케이션됐다. 여행을 가는 동안 수업에 결석하게 되어 교수님께 양해를 구해야 하는 것이 목적이라면, 여행 계획을 설명하기보다 비행기가 그날밖에 없어서 안타깝게도 수업을 하루 빠지게 됐다, 친구를 통해 빠진 수업을 보충하고 과제도 잊지 않고 제출하겠다는 말을 최대한 아쉽고 죄송한 표정을 지으며 말할 것이다. 예산을 쥐고 있는 부모님께 이야기할 때는 하루하루의 여행 계획을 설명하면서 이번 여행이 나의 삶에 얼마나 값진 경험이 될 것인지, 유익한 시간을 보낼 것인지를 매우 열정적으로 설명할 것이다. 그리고 마지막에 가진 예산이 이 정도라 조금 부족한데, 좀 보태줄 수 있는지 슬쩍 물어보는 것을 잊지 않는다. 여행을 같이 가려고 친구를 꼬실 때는 이 여행이 얼마나 재미있는 여행이 될지, 잊지 못할 추억이 될지 등을 강조하며 이야기한다. 수업을 한 번 결석해야 하고 돈이 좀 들지만, 그 이상으로 값어치 있는 여행이 될 거라며 나를 믿고 같이 가자고 설득한다.

이를 회사 업무에도 적용해보자. 내가 지금 하고 있는 업무가 누구를 위한 일인지 생각해보면, 정답을 찾을 확률이 높아진다.

공략해야 할 진짜 타깃은 누구인가

회사 업무를 하다 보면 업무 지시자가 그 일의 최종 소비자가 아닌 경우가 많다. 그러므로 내가 하는 업무의 최종 소비자가 누구인지부터 알아야 한다. 누구를 위해 일하는지, 그의 니즈가 무엇인지에 따라 일의 방향이 달라지고, 그 목적에 따라 어떻게 보고해야 하는지 보고의 내용도 달라진다.

다음 대화를 통해 상사가 직원의 말을 어떻게 해석하는지 보자.

> 직원: 팀장님, 지시하신 내용 조사해봤는데 없습니다.
>
> 상사: 아니, 그럼 나보고 고객사 임원한테 가서 "저희가 찾아봤는데 없던데요"라고 말하라는 건가?

> 직원: 팀장님, 출장 일정 중에 A사에 방문하고 싶다고 하셨는데 A사에서 답이 안 왔습니다.
>
> 상사: 그래서 지금 나보고 사장님한테 가서 "안 된답니다"라고 보고하라는 건가, 아니면 직접 방법을 찾으라는 건가?

이렇듯 최종 소비자에 대한 이해가 서로 다르면, 두 사람은 동상이몽이 될 수밖에 없다. 박 대리는 열심히 조사했는데, 5G 관련 신사업은 없었고 왜 없는지를 설득하려 했으나 팀장의 머릿속에는 온통 '그래서 고객한테 가서 뭐라고 하지'라는 생각뿐이다. 아무리 팀장에게 자료가 없음을 어필해봐도 소용없다. 박 대리가 설득해야 할 사람은 팀장이 아니라 최종 소비자인 고객사 임원이기 때문이다.

일잘러들은 일을 시작할 때 업무의 최종 소비자부터 파악한다. 일을 지시받은 때 바로 묻기도 하고, 그렇지 못할 경우 중간 피드백을 받을 때 묻기도 한다. '이 일은 누구를 위한 일인가요?', '어떤 목적인가요?' 이 2가지 질문이면 충분하다. 최종 소비자에게 어필할 수 있는 제안을 해야 눈앞의 팀장을 설득할 수 있다. 헛발질하지 말고 진짜 골문을 찾아 골을 넣어야 한다.

3

배경 속에
답정너가 있다

숨겨진 배경의 힘

김 과장의 지난 몇 달은 지옥 같았다. 한꺼번에 3명이나 퇴사하는 바람에 일이 너무 많아 매일 야근이었다. 김 과장뿐 아니라 팀원들도 너무 힘들어서 누가 그다음 퇴사자가 될 것인지 눈치 싸움을 하고 있던 차였다. 그러던 어느 날, 송 상무가 "김 과장, 우리 팀 채용 계획 좀 만들어보지. 사장님께 보고해야겠어" 하는 것이었다. 드디어 경력직을 채용할 수 있다니, 이제 숨통이 좀 트일 모양이다. 채용 계획에 (일 잘하는) 5년 이상 경력직 3명을 업무별로 배치하고 나니 완벽했다. '다들 나에게 고마워하겠지.' 김 과장은 뿌듯한 마음으로 보고서를 가지고 송 상무에게 갔다.

그런데 '김 과장, 훌륭하네. 내가 얼른 사장님께 보고하고 경력직 뽑아줄게. 그동안 고생 많았지'라고 할 줄 알았던 송 상무가 어째 입을 삐죽대며 아무 말도 안 하는 것 아닌가. 제발 무슨 말이라도 하지, 보고 받고 아무 말도 없는 것이 제일 싫다. 한참을 조용히 있던 송 상무가 드디어 입을 열었다. "김 과장, 경영진이 우리 팀 사람 많다고 생각하고 있는 거 몰라? 3명 나갔다고 똑같이 3명을 경력직으로 채용한다고 쓰면 어떡해! 조심스럽게 채용 인원과 시기

답은 정해져 있어. 넌 대답만 해!

를 조율해서 단계적으로 채용하겠다는 식으로 써야지."

왜 그 말을 이제야 하는 걸까,
미리 말해줬다면 두 번 일을 안 했을 텐데…
똥개 훈련도 아니고, 도대체 왜 이러는 거야!

이제는 일이 많아서 퇴사하는 게 아니라 열 받아서 퇴사하고 싶은 김 과장이다.

상사는 묻지 않으면 답하지 않는다

왜 업무 지시자들은 미리 배경을 알려주지 않고 직원들을 똥개 훈련시키는 걸까? 물론 친절하게 배경을 먼저 알려주는 상사도 있다. 정말 이상적인 상사다(그런 사람이 많지 않다는 게 문제지만 말이다). 상사라면 당연히 중요한 업무적 배경을 숨기지 말고 알려줘야 하지만, 대부분은 바쁘다는 핑계로, 혹은 '그 정도는 네가 예상해서 해야지'라는 마음으로 알려주지 않는 경우가 더 많다.

그래서 일잘러들은 업무를 받을 때 먼저 배경을 물어본다. "상무님, 어떤 방향으로 채용 계획을 쓰는 것이 좋을까요? 경영진들의 생각이 있으실 것 같아서 한번 여쭤봅니다"라고 떠본다. 그러면 또 잘 대답해준다. 만약 초반에 배경을 묻지 못했다면, 중간보고할 때라도 배경을 물어봐야 한다. 배경을 묻는 타이밍은 빠를수록 좋지만, 늦었다고 생각할 때가 가장 빠른 때라는 말이 있듯 배경을 묻는 것은 타이밍이 아니라 '무조건 해야 한다는 것'이 포인트다.

배경을 묻지 못하는 상황이라면 각종 자료를 통해 배경을 추측해야 한다. 나도 주니어 컨설턴트 때는 배경을 잘 못 물었던 경우가 많았다. 상사들이 너무 바빠 보이기도 했고, 당시에는 나 같은 주니어가 배경을 묻는 것이 건방져 보이지 않을까 싶기도 했다(걱정의 90%는 진짜 쓸데없는 것이 대부분이다). 특히 고객에게는 대놓고 배경을 물을 수 없는 경우가 대부분이라 더 자료에 의지할 수밖에 없었다.

내가 김 과장이었다면 채용 계획 전에 이와 관련한 회사의 방향을 알기 위해 최근 회사에서 관련 공지 메일이 왔었는지, 경영진 메시지나 관련 회의의 회의록 등을 찾아봤을 것이다. 자료를 통해서도 방향이 정확히 예상되지 않을 때는 회사가 채용에 긍정적일 때와 부정적일 때 2가지 안으로 계획을 짜는 게 좋다. 채용에 긍정적일 때는 김 과장의 첫 번째 계획이 회사 입장에서도 고려 대상이 되겠지만, 채용에 부정적인 상황이라면 3명을 한 번에 채용하는 안 대신 1명씩 단계적으로 채용하는 안으로 가는 것이 안전하다. 경영진이 외부에서의 신규 채용에 부정적이라면 가급적 다른 부서 인력을 순환 배치하여 인원을 충원하는 방안처럼 신규 채용이 아닌 인력 활용 측면으로 보고서를 만드는 것이 좋다.

배경 파악이 시작의 반

일할 때 상사들의 말을 듣고는 '뭐야, 답정너네'라고 생각한 적 있을 것이다. 상사들의 머릿속에는 배경과 연결된 답이 어느 정도 정해져 있는 경우가 많다. 상사에게 배경을 물어보는 것은 '어떻게 답을 내면 될까요?'와 같은 의미다. 일잘러는 일에 숨겨진 배경의 힘을 잘 알고 있고, 그 배경 속에 '답정너'가 함께 숨어 있다는 것도 잘 이해하고 있다. 때문에 배경을 파악해 빠르게 상대를 설득하는 자료를 만들 수 있는 것이다.

어떤 멋진 보고서라도 회사의 방향이나 경영진의 생각과 다르면 쓸모없는 종이 쪼가리가 된다. 그러니 엉뚱한 곳에 힘 빼지 말자. '왜 그런 뻘짓을 했을까'라고 자책하지도 말자. 일을 시작하기 전에 그 일에 대한 배경을 파악하는 데 조금만 힘을 들여보자. 이렇게 쉬운 지름길이 있는데 묻지 않을 이유는 없다. 상사에게 한 번 더 물어볼 용기를 갖춰보자.

왜 상사는 나에게
피드백을 주지 않을까

전체를 봐야 빈 곳이 보인다

오랜만에 후배 민우를 만났다. 누구보다 열심히 노력해 좋은 회사 마케팅 기획팀에 입사했는데, 얼굴빛이 조금 어두워 보였다.

"저 고민 있어요. 팀장에게 보고하면 피드백이 별로 없어요. 어제도 제가 열심히 일해서 보고서 중간본을 가지고 팀장에게 갔거든요, 팀장은 또 계속해오라고만 하더라고요. 물론 다 완성 못한 중간본이니까 그럴 수 있지만, 의견을 좀 줘야 보완해서 최종본을 만들잖아요? 그런데 다른 동기한테 물어보니까 그 친구는 피드백을 받고 있는 거예요. 팀장이 저만 미워하는 걸까요? 왜 피드백을 안 줄까요?"

나는 조심스럽게 물었다. "민우야, 혹시 어떤 수준으로 중간본을 가지고 갔니?" 그는 작년 프로모션 결과와 올해의 시장 환경을 분석해서 앞으로의 프로모션 방향을 기획하는 업무를 맡았다고 했다. 그런데 그가 어제 팀장에게 가져간 중간본은 보고서의 제일 앞부분인 작년 프로모션 결과만 열심히 분석해놓은 것이었다. 마치 수학의 정석 책에서 맨 앞 집합 부분만 열심히 공부해서 까매진 느낌이었다.

"민우야, 상사의 관심사는 아마 뒷부분인 올해의 프로모션 방향일 텐데, 너무 앞부분 중심으로만 중간본이 되어 있으니 할 말이 없을 수도 있었을 것 같아. 더군다나 작년 프로모션 결과는 팀장이 이미 잘 아는 내용이잖아. 전체적인 너의 생각을 전달해야 상사도 피드백을 줄 수 있지 않을까?"

상사의 피드백을 부르는 법

누군가의 보고서는 상사의 피드백을 받았지만, 민우의 보고서는 상사를 할 말 없게 만들었다. 두 사람의 차이는 무엇일까? 전체를 보여주지 못했기 때문이다. 아무리 중간본이라 할지라도 보고할 때는 전체 틀을 대략적으로라도 잡고 어떤 방향으로 가고자 하는

지가 보여야 한다. 보고서에서 전체를 보여주는 방법은 크게 2가지가 있다.

첫째, 보고서의 전체 목차부터 세워야 한다. 상사들은 '구조화병'이라는 것이 있는데, 끊임없이 머릿속에 자료나 논리의 구조를 만들어서 바쁜 상황에서도 쉽게 기억하고 한눈에 파악해 문제를 빠르게 해결할 수 있도록 정리한다. 그들은 구조가 파악되지 않으면 집중하지 못하고 길을 잃는다. 그런 상사에게는 "팀장님, 제가 그린 길은 'S'자 길인데요"라고 먼저 전체 구조를 알려줘야 두 번의 커브가 있다는 것을 예상하고 커브를 돌 때마다 놀라지 않고 따라올 수 있다.

사전 예고를 하지 않으면 길을 잃은 상사는 보고하는 중간에 '그래서 길이 어떻게 생겼냐'며 결론을 자꾸 묻거나, 원하는 답이 나오지 않으면 짜증을 낸다. 아니면 이미 딴생각하느라 커브를 돌고 있는데, 커브를 돌고 있다는 것조차 모를 수도 있다. 이런 경우 상사는 피드백할 게 없다고 판단해서 관심 스위치를 끄고 아무 말도 하지 않는다.

초안을 보고할 때 다음 그림과 같은 구조를 가장 먼저 상사의 머릿속에 넣어주자. 보고서의 전체 목차라고 생각하면 이해가 더 쉽다. 상사의 머릿속에 보고서의 전체 목차가 먼저 들어가야 보고

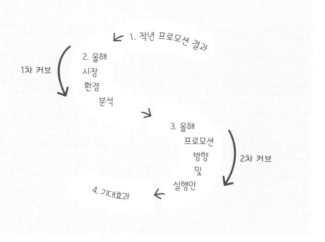

제가 그린 길은 'S'자 길입니다. 두 번의 커브가 있을 예정이고, 지금은 첫 번째 커브를 돌고 있습니다.

를 듣는 동안 어디쯤 가고 있는지를 예상할 수 있다.

둘째, 결론이 포함된 세부 목차를 채워나가야 한다. 상사의 가장 큰 관심은 "그래서 뭐야"라는 결론(올해 프로모션 방향 및 실행안)과 그 결론까지 어떻게 다다르게 됐는지다. '초안에서 어떻게 그 많은 것을 하지, 그걸 다 하면 완성본이지'라고 생각할 수도 있다. 특히 신입사원이나 주니어들에게는 쉽지 않은 일이다. 과장이나 차장급도 이 부분은 어려울 때가 있다.

일잘러들은 이 과정이 습관화되어 있다. 그들은 결론까지 빠르게 닿기 위해 일할 때 시간을 잘 배분한다. 앞부분에서 시간과 노력을 너무 쏟지 않고, 모든 결론을 다 내기보다 앞부분의 리서치나 분석을 바탕으로 1~2개의 결론이라도 빠르게 도출하는 것을 목표로 한다. 그들은 절대 중간보고에서 완벽한 리서치나 분석하는 데 진을 빼지 않는다. 잘못된 방향이라면 지금까지 들인 공이 모두 헛수고가 될 수도 있기 때문이다.

내용적인 구조를 보여주기 위해 앞서 만든 전체 구조를 예로 들어 설명해보겠다.

1. 작년 프로모션 결과

- 신규 고객 10% 증가 (특이 사항은 10대 소비자 급증: 전년 대비 00% ↑)

- 신규 채널(SNS) 판매량 150% 증가

2. 올해 시장환경 분석

- 온라인 쇼핑을 하는 소비자 지속 증가(온라인 채널 성장률 00%). 특히 SNS 채널 강세(온라인 내 SNS 채널 시장 점유율 00%)

- 10대 구매력 확대

3. 올해 프로모션 방향 및 실행안

- SNS 채널 마케팅 강화 필요(인스타그램, 틱톡 활용 방안 등)

- MZ세대에게 맞는 메시징 및 소통 방식 필요(짧은 영상, 카드 뉴스 등)

4. 기대효과

각 장의 소제목을 만든다고 생각하면 된다. 내용적인 구조가 정리되면 상사는 일의 앞부분부터 뒷부분까지 어떤 내용과 흐름을 가지고 가는지 파악할 수 있고, 대략의 방향을 확인할 수 있어서 현재의 방향이 맞는지 아닌지, 어떤 부분을 더 추가하고 덜어내면 좋을지 등을 피드백해줄 것이다. 상사의 피드백은 결국 내가 끌어내는 것이다.

60대 40으로 나눠라

앞뒤가 맞지 않는 논리, 비어 있는 내용, 잘못 잡힌 구조 등 빈 곳을 찾아내는 것은 일의 완성도를 만드는 데 가장 중요한 관건이다. 그동안 앞에서 힘을 빼느라 전체를 보지 못하고 있지는 않았는지, 작년 프로모션 결과를 10가지로 정리하고, 올해 시장 환경을 전문 연구 보고서처럼 분석하고, 가장 최근 통계를 찾느라 피땀눈물을 쏟아내고 있지는 않았는지 생각해보자.

일잘러는 절대 처음부터 100%를 만들려고 하지 않는다. 그들이 "김 과장이 만든 보고서는 정말 군더더기 없이 완벽하네"라는 말을 듣는 이유는 처음부터 순서대로 할 수 있는 데까지 100%로 채웠기 때문이 아니다. 전체를 볼 수 있는 60%의 완성도 버전을 먼저 만들고, 이후 확정된 방향에 따라 나머지 40%를 채워가는 것이 더 중요하다.

일을 주는 사람도, 일을 하는 사람도 그 일을 시작하기 전에는 알 수 없다. 주상복합 아파트가 될 줄 알았는데, 대형 빌라 단지가 될 수도 있다. 이를 방지하기 위해 실무자도 미처 고려하지 못한 부분은 없는지 일단 대략적으로 설계도를 그려보는 것이다. 초기에 문제를 발견해야 돌아가기 쉽고, 대안을 찾아 해결할 수 있다. 회사 일이라는 것은 전체 조감도(설계도)를 그려놓고 끊임없이 빈 곳을 찾고 보완해가는 것일지도 모른다.

5

그래서
한마디로 하면 뭐야

일을 단순 구조화하라

언젠가 먼 훗날 내 보고서가 완벽해지는 그날이 오면 내 발표 한 번으로 모든 청중이 기립 박수를 치며 '장은영 씨, 역시 해낼 줄 알았네. 아주 완벽한 보고서야. 회사를 살릴 수 있는 전설적인 아이디어가 하나 나왔군!'이라며 칭찬에 칭찬을 해주겠지. 나는 너무 기뻐서 '아, 내가 직장인으로서 이제 할 일을 다했다. 이제는 퇴사해도 여한이 없다'며 뿌듯하게 두 발 쭉 뻗고 잠이 들 수 있겠지. 그러나 현실에서 이런 일은 벌어지지 않는다. 나는 오늘도 '통과할 수 있는

보고자료'를 만들기 위해 일한다.

묶고 쪼개고 점검하기

바쁜 상사에게 보고자료를 들이밀면 어김없이 이런 말을 듣는다. "그래서 한마디로 하면 뭐야?" 한때 원페이퍼 보고서, 엘리베이터 스피치 등이 유행했던 것도 아마 이런 이유였을 것이다. 바빠도 너무 바쁜 상사, 그들이 모든 문제의 시작이다.

'최대한 간단하게, 최대한 명료하게'는 보고할 때 꼭 명심해야 하는 부분이다. 하지만 그 누구도 항상 완벽한 보고서를 만들 수는 없다. 모든 직장인은 오늘도 좋은 보고서를 위해 애쓰지만, 사실 보고서를 잘 쓰는 방법은 정해져 있다. 바로 묶고grouping, 쪼개고break-down, 점검하기MECE 점검다. 컨설팅 회사에서는 이러한 일련의 작업을 '구조화'라고 하는데, 이에 대해 자세히 알아보자.

첫째, 어떻게 묶어서 볼 것인가? 일을 덩어리를 묶는 이유는 단순화하기 위해서다. 많은 내용을 보고할수록 반드시 내용을 묶어서 표현해야 한다. 보고서를 완성하고 나면 스스로 질문해보자. '내가 그루핑을 잘했나? 제대로 그루핑이 됐나?'

우리는 일상생활에서도 그루핑을 하고 있다. 예를 들어, 복잡한 쇼핑 리스트를 정리하는 과정을 생각해보자. 오늘의 백화점 쇼핑은 원피스, 도넛, 정장 바지, 운동화, 운동복이 목표다. 가장 효율적인 층별 이동을 위해 운동화와 운동복(7층), 원피스와 정장 바지(3층), 도넛(지하 1층)으로 쇼핑 순서를 묶는다. 이를 보고서에도 접목해보자.

다음은 행사를 기획하는 김 대리의 회의록이다.

- 기획팀은 참석자에게 행사를 사전 안내하기로 함

- 홍보팀에서 배너를 제작하기로 함

- 기획팀은 식순에 따라 행사를 진행하고, 행사 후 귀빈들에게 감사 연락을 하기로 함

- 기술팀에서 발표 자료를 제작하기로 함

- 디자인팀은 자료 제작을 돕기로 함

상사에게 이렇게 정리해서 보고하면 그는 일이 어떻게 진행되는지 파악하기 어렵다. 이를 그루핑하면 행사 전과 행사 중, 행사 후 혹은 팀별 업무로 묶을 수 있다.

다음은 그루핑한 예시다. 이전 회의록에 비해 무엇을 말하고자 하는지, 무슨 일을 해야 하는지 한눈에 파악하기 쉬워졌음을 알 수 있을 것이다.

행사 전	• 기획팀 : 참석자에게 행사 사전 안내 • 홍보팀 : 배너 제작 • 기술팀/디자인팀 : 발표 자료 제작
행사 중	• 기획팀 : 식순에 따라 행사 진행
행사 후	• 기획팀 : 귀빈들에게 감사 연락

기획팀 (행사 주관)	• 행사 전 : 참석자에게 행사 사전 안내 • 행사 중 : 식순에 따라 행사 진행 • 행사 후 : 귀빈들에게 감사 연락
홍보팀	• 행사 전까지 배너 제작
기술팀/디자인팀	• 행사 전까지 발표 자료 제작

둘째, 어떻게 쪼갤 것인가? 박신영 저자의 《기획의 정석》에서는 이를 나누기dividing라고 표현했고, 컨설팅 회사에서는 주로 쪼개기breakdown라고 한다. 어떤 용어를 쓰든 쪼개기는 보고서 내용이 뜬구름잡지 않기 위한 구체화 과정이다.

우리는 쪼개기 신공도 그루핑 못지않게 이미 생활화되어 있다. 친구가 묻는다. "우리 오늘 뭐 먹지?" 그 순간 나는 아주 잽싸게 기가 막힌 쪼개기 신공을 펼친다. "일단 양식, 한식, 일식, 중식 중에 골라봐."

쪼개기 기법으로 기업이나 공공기관에서 많이 사용하는 것은 로직 트리Logic Tree 또는 이슈 트리Issue Tree다. 논리에 따라 내용을 쪼개어 구체화하는 방법인데, 그 모양이 마치 나뭇가지 같다고 해서 트리라는 이름이 붙었다.

예를 들어, 신제품 A의 판매량 증대 방안에 대한 쪼개기를 해보자. 신제품 판매량을 증대시키려면 파는 사람(영업사원)들이 잘 팔

아야 하고, 물건을 파는 인프라(유통, 판매 채널)가 잘 갖춰져 있어야 한다. 그렇다면 어떻게 해야 파는 사람이 잘 팔 수 있을까? 많이 파는 것이 잘하는 걸까? 잘할 수 있는 동기부여가 필요할까? 이렇게 쪼개나가는 것이다.

다음 그림을 참고하자.

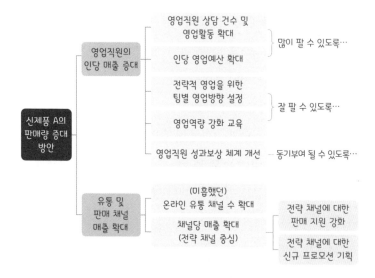

셋째, 점검은 MECE다. MECEMutually Exclusive, Collectively Exhausted란 컨설팅 회사에서 일할 때 가장 기본적인 개념으로 꼽힌다. Mutually Exclusive는 상호 배타적이라는 뜻으로 쉽게 풀어 쓰면 내용이 서

로 겹치지 않아야 한다는 것을 말하고, Collectively Exhausted는 모였을 때 전체를 이룬다는 의미로 빠진 부분 없이 포함해야 한다는 것이다. 정리하면 내가 쓴 내용이 서로 겹치지 않으면서 모였을 때 전체를 이루게 만들어졌는지를 점검해야 한다는 말이다.

나와는 거리가 멀 것 같은 MECE도 우리의 일상에 들어와 있다. 연인과 다툴 때 "넌 진짜 내 감정을 이해 못하잖아. 그때 내가 너한테 실망했다고 했을 때 아무 반응도 없었고, 또 내가 전에 어디냐고 물었을 때 답변도 안 하고"라며 속사포 랩을 내뱉고 있는데, 상대방이 "아, 왜 했던 말을 또 해(내용이 겹침)"라거나 "왜 갑자기 다른 이야기를 하는데(내용이 빠져버림)"라고 한다면, 이는 MECE가 잘 안 갖춰졌기 때문이다. MECE가 안 갖춰지면 연인하고 싸울 때도 불리하다.

보고서에 MECE가 잘 갖춰졌는지 알 방법은 초안 내용을 보면서 끊임없이 질문해보는 것이다. A와 B 내용이 겹치는 것처럼 보이지는 않는지, A-1, A-2, A-3를 달성하면 A가 달성되는 것이 맞는지 하고 말이다. 질문하다 보면 수정이 필요한 부분들이 보이게 된다. 모든 보고서에서 MECE가 다 충족될 수는 없겠지만, MECE에 따라 질문하면 할수록 보고서는 더 단순해지고 명료해지며 퀄리티가 높아진다.

보고서는 최대한 단순하게

《일 잘하는 사람은 단순하게 합니다》라는 책이 있다. 보고서는 일의 시작이자 끝이라고 할 수 있는데, 보고서의 논리는 묶고, 쪼개고, 점검하는 과정 없이 단순화되기 어렵다. AI가 학습되어 있듯 일 잘러들은 이런 구조화 과정에 매우 익숙해져 있다. 보고서를 쓰는 내내 그들의 머릿속에서는 이 프로세스가 끊임없이 돌아간다.

보고서는 가장 단순화된 형태로 작성되어야 내가 준비한 내용이 상사 또는 고객의 머릿속에 명확하게 꽂힌다. 꽂히는 보고서나 발표는 '단순 구조화'에서부터 나온다. 나의 피땀눈물이 헛수고가 되지 않게, 몇 날 며칠을 공들여 작성한 보고서를 다시 작성하는 일 없게, 묶고 쪼개고 점검해서 최대한 단순화시키자.

6

내 업무가
누군가에게 피해주지 않도록

이해관계자 확인하기

거의 한 달 넘게 고생했던 지원 씨의 재무팀 프로젝트 보고서가 완료되어 부사장님 보고만 앞둔 상황이었다. '신규 재무 프로세스 도입에 따른 전사 교육 방안'인데, 이미 사전 보고도 다 한 상황이라 형식적인 보고만 잘 마치고 실행만 하면 되는 일이었다. 보고 자리에 들어가니 부사장님이 불러서 몇몇 팀의 임원들이 참석해 있었다. 보고는 순조롭게 진행됐고 잘 마무리되는구나 싶었는데, 갑자기 배석한 인사팀 상무가 이렇게 말했다.

"우리는 그동안 수많은 프로세스 변화에 대해 교육해오면서 임직원들이 스스로 익히며 익숙해지는 방식의 교육을 해왔습니다. 지금 당장은 변화한 프로세스가 불편할 수 있지만, 장기적으로는 맞는 방법이라 생각했기 때문입니다. 그런데 지금 재무팀에서 준비한 교육 방식은 다 떠먹여주는 방식으로 전사 다른 교육들의 방향과 불일치합니다. 재무팀 입장에서는 임직원들에게 욕도 안 먹고 임직원들의 만족도도 높아져서 좋겠지만, 임직원들이 다른 교육들에 대한 불만이 생길 수도 있고, 앞으로 있을 또 다른 교육들의 방향에도 영향을 미쳐 이는 재무팀만의 문제는 아닌 것 같습니다. 교육의 방향을 한 번 더 고민해보는 것이 어떨까요?"

결국 이 보고서는 재검토 지시를 받았고, 조정과 수정의 과정을 거쳐야 했다. 이 프로젝트는 재무팀 단독 프로젝트인데, 왜 인사팀에서 의견을 내고 지원 씨는 왜 그 의견을 반영해야 하는 걸까?

'남의 일'이 '내 일'이 될 수도 있다

최근 예능을 보면 경연 프로그램들이 참 많다. 아이돌을 뽑는 것부터 댄서들의 댄싱 경연에, 래퍼들의 랩 배틀까지. 경연을 심사하는 것은 심사위원인데도 무대에 대한 청중들의 반응은 경연 결과에 큰 영향을 미친다. 참가자 실력에 대해 중간 정도 수준이라 생각했던 심사위원도 청중들이 기립박수를 치면 생각을 바꾸게 되는 것이다. 방송이 나간 이후 네티즌들의 반응도 다음 경연에 영향을 미친다. 심지어 언론에 올라오는 기사 하나까지도 말이다. 평가하는 심사위원, 방송을 직관하는 청중, 그리고 네티즌과 기자들까지 한 명의 스타가 만들어지는 데 수많은 이해관계자와 관련자가 존재하고, 그들의 뜻이 어느 정도 하나로 모여야 비로소 스타가 탄생한다.

회사에서도 유관부서와 이해관계자를 파악하는 것은 중요하다. 다 된 보고에 영향을 줄 수 있는 다른 부서나 임원이 반드시 존재하기 때문이다. 나도 일을 하면서 유관부서의 태클을 받을 때면 황당하고 불만도 많았다. 우리 팀이 주관부서고 실행하는 일인데 왜 딴 부서가 나서서 감 놔라 배 놔라 하는 것인지 이해할 수 없었다. 하지만 역지사지라고 했던가. 반대로 내가 누군가의 유관부서 입장이 되고 나서야 그들이 왜 그랬는지 깨닫게 됐다. 옆 팀이 추진하려는 일이 내가 추진하는 일의 방향과 다르게 진행되는 경우 내 일의 방향을 재검토해야 할 수도 있고, 내가 기존에 잘하고 있던 일에 대한 평가가 달라질 수도 있다. 그건 '남의 일'이 아니라 나에게 영향을 주는 '내 일'이 될 수도 있는 것이다.

이를 깨달은 후부터는 일을 할 때 유관부서의 이해관계자를 고려한다. 그렇다고 내 업무를 진행하지 말라는 것은 아니다. 내 업무가 누군가에게 갑자기 피해가 되지 않도록 사전 커뮤니케이션을 하거나 유관부서 입장을 반영하여 내용을 조금 조율하는 방식을 취하면 된다. 유관부서 조율은 윗사람, 즉 임원이나 팀장이 하는 것 아닌가, 실무자인 내가 그런 것까지 신경 써야 할까 싶겠지만 유관부서를 고려하는 것은 실무자에게도 중요하다. 내가 열심히 드리블해서 팀장에게 골 넣으라고 어시스트까지 해줬는데, 팀장이 누군가에게 밀려 정작 골을 넣지 못한다면 얼마나 억울하겠는가. 골을 넣어야 하는 사람은 팀장이지만, 그가 골을 넣을 수 있도록 모든 일을 준비하는 것은 실무자의 몫이다.

일잘러라면 이런 상황에서 다음과 같은 준비를 한다.

1. 예상되는 유관부서의 반응을 상사에게 알린다.
→ "팀장님, 인사팀 상무가 골대 앞에서 몸싸움으로 우리 팀을 밀 수도 있을 것 같습니다."
2. 예상되는 유관부서의 반응에 대한 대응 방안을 만든다.
→ "인사팀 상무가 골대 앞에서 태클을 건다면, 이런 복안을 준비해보면 공을 뺏기지 않을 것 같습니다."
3. 실무자로서 조율할 수 있는 것은 미리 조율해둔다.
→ "공을 뺏기면 안 되니 이런 부분을 보완하겠다고 하면 인사팀에서도 심하게 태클을 걸지는 않을 것 같습니다."

일잘러는 유관부서 입장을 잘 이해하고 있다. 우리 팀을 중심으로 내 업무를 다 보고하고 나서 '이런 것들이 우려된다', '다른 부서와 사전 조율이 되어야 할 것 같다' 등의 전제 사항이나 고려 사항을 기가 막히게 같이 보고한다. 그래서 골 결정력이 높고, 일을 하다 보면 자주 겪는 막판에 판이 뒤집히거나 어그러지는 상황을 잘 피해 간다.

역지사지 마인드 갖추기

임원이나 의사결정권자가 가장 피하고 싶어하는 것 중 하나는 유관부서 간의 갈등과 이를 조율하는 일이다. 서로 입장이 다르니 첨예하게 부딪히기 쉽고, 그 과정에서 감정싸움으로 번질 수도 있기 때문이다. 그런데 실무자가 이런 가능성까지 사전에 생각해보고 온다면 의사결정권자 입장에서 얼마나 고마운 일이겠는가!

하지만 신입사원이나 주니어 시기에는 유관부서를 알고, 유관부서의 생각을 예측한다는 것은 쉬운 일이 아니다. 나의 경우 일이 중간 정도 진행됐을 때, 즉 결론이 어느 정도 나오는 시점부터는 종종 유관부서에 빙의하여 생각해본다. '내가 교육팀이라면 어떤 의견을 낼까? IT팀이라면 반대할 만한 요소가 있나? 최근에 마케팅팀에서 비슷한 프로그램을 했던 것 같은데, 내가 마케팅 담당자라면 너무 비슷하다거나 너무 차별화되어 불편하다거나 하는 의견을 내지 않을까?' 이렇게 생각하다 보면 어떤 부서에 대해서는 미리 커뮤니케이션해볼까 싶기도 하고, 어떤 부서에 대해서는 상사들끼리 먼저 조율이 필요할까 싶기도 하다. 물론 이런 가능성들은 실무자 선에서 판단하기는 쉽지 않다. 때문에 혹시나 하는 문제들을 모아 상사에게 물어보는 것이 가장 좋다. 상사의 답을 듣고 유관부서와 조율하는 과정을 여러 차례 겪다 보면 유관부서를 파악하는 능력이 생길 것이다.

일잘러도 하루아침에 이런 초능력을 갖게 된 것은 아니다(태클을 피해 가는 손흥민의 발놀림도 하루아침에 만들어진 게 아닌 것처럼 말이다). 끊임없이 유관부서 입장을 고민해보고, 커뮤니케이션하면서 자신만의 노하우를 쌓은 것이다. 일하다 잠깐 멈추고 5분만, 10분만 생각해보는 훈련을 해보자.

내가 유관부서라면, 내가 이해관계자라면,
내 보고서에 대해 반대할 포인트는 없을까?

내 페이스를
지키면서 일하려면

내 페이스대로 달려야
탈 나지 않는다

나를 위한 업무 계획 만들기

<천천히 하라는 팀장 이야기>

"요즘 팀장이 이상해요. 천천히 하라고 해놓고, 자꾸 와서 얼마나 됐냐고 물어보는 거예요. "팀장님이 천천히 하라고 해서 천천히 하고 있었는데요. 그럼 언제까지 할까요?"라고 물으면 또 "아니야. 민 대리, 천천히 해. 그냥 물어본 거야" 하고 가시더라고요."

<빨리빨리 병에 걸린 팀장 이야기>

"우리 팀장은 '빨리빨리 병'에 걸린 것 같아요. 보고서를 금요일까지 달라고 해놓고 수요일부터 와서 자꾸 묻는 거예요. "민수 씨, 내가 시킨 거 다 됐나? 얼마나 했나?"라고요. 또 목요일에 와서 "민수 씨, 한번 그냥 지금 버전을 열어봐요. 아니, 왜 이렇게 느려? 내일까지 다 할 수 있어요?"라고 짜증을 내는데, 진짜 폭발할 뻔했어요."

우리는 일을 할 때 정해진 데드라인 내에 일을 끝내려고 나름의 계획하에 일을 진행하지만, 그사이 상사는 우리를 가만히 내버려두지 않는다. 위의 사례처럼 중간에 와서 자꾸 재촉하는 상사도 있고, 괜히 불안하니 말을 계속 바꾸거나 방향을 아예 바꿔버리는 상사도 있다. 그렇다고 회사의 속도에 휘말려 휘청대면 스트레스만 쌓이고, 오히려 정해진 기한 내에 일을 완성하지 못할 수도 있다. 억울하지만 이때 나에게 돌아오는 피드백은 '너무 느리다'나 '일을 잘 못한다'다.

일 잘하는 사람들은 회사의 속도에 절대 휘둘리지 않는다. 자신의 속도와 페이스를 잘 지킨다. 그런데도 그들이 듣는 피드백은 '세훈 씨는 정말 빨라. 항상 정해진 시간보다 빨리 일을 끝낸다니까'가 된다. 일하는 과정에서 일잘러와 일못러는 어떤 차이를 보일까?

일잘러가 업무 계획에 진심인 이유

일잘러들은 업무 계획 수립에 진심이다. 일도 많아 죽겠는데 무슨 업무 계획까지 짜야 하나, 또 다른 일을 하나 더 만드는 것 아닌가 라고 생각할 수도 있지만, 업무 계획은 효율적으로 업무에 집중하기 위하여 '나를 지키는 최소한의 울타리'가 되어준다.

우선 업무 계획의 정의부터 알아보자. 업무 계획에는 언제까지 리서치하고, 정리하며, 보고서 1챕터를 작성해야 하는지 등 세부 작업 단위 계획도 있고, 연간 업무 계획, 분기 업무 계획처럼 큰 방향을 잡는 계획도 있다. 가장 많이 일상적으로 하는 하루하루, 한 주 한 주를 좌우하는 '지시받은 일assignment 단위의 업무 계획'을 예로 들어 설명하면, 특정한 개별 업무를 ① 언제 시작해서, ② 언제쯤 끝내고, ③ 언제 상사와 중간 점검을 할지 등을 잡아야 한다. 월요일에 지시받은 ○○ 고객사의 상품 포트폴리오 조사 업무를 화요일에 시작해서 금요일 퇴근 전까지 마무리할 예정이며, 그러기 위해서는 수요일 오후에 중간 점검을 할 수 있도록 계획을 수립하는 것이다.

업무 계획은 내 계획이지만 결코 나 혼자 세우는 계획은 아니다. 회사에서 업무 계획을 짜고 상사와 함께 이에 대해 소통한다는 것은 '서로 불안해하지 않고 목적을 달성하기 위한 과정에 대한 합의'라고 할 수 있다. 내가 언제 정확히 '지시받은 그 일'을 시작할 수 있고, 얼마나 걸려서 언제 완성할 수 있을지 상사와 내가 서로 이해하고 합의해야만 그 일을 하는 동안 상사는 안심할 수 있고, 나는 내 페이스를 지키며 마음 편히 일할 수 있다. 이때 중간 점검을 하는 것은 상사의 마음을 편하게 만들어주는 하나의 팁이다.

자신의 역량을 객관적으로 보기

많은 사람들이 오해하는 것 중 하나는 '우리는 회사 또는 상사의 속도에 맞추어 일해야 한다'는 것이다. 예전에는 이 말이 100% 맞았을 수도 있다. '닥치고 다음 주 월요일까지 해'라고 하늘 같은 상사님이 말씀하시면, 주말 출근까지 해서 어떻게든 업무를 마무리해야만 했다는 호랑이 담배 피우던 시절의 이야기가 있었으니 말이다.

그렇지만 요즘 회사나 상사들은 지키지 못할 데드라인을 주는 것보다는 직원의 역량과 속도, 그리고 상황을 고려한 데드라인을 주려고 노력한다(경영진 보고 등 데드라인이 빠듯하고 바꿀 수 없는 일들은 제외하고 말이다). 나에게 필요한 것은 '주어진 시간 동안 그 일을 끝낼 수 있는가'를 빠르게 판단하는 것이다. 상사는 화장품 시장 리서치를 하루면 끝낼 수 있다고 생각해서 일을 줄 것이다. 그런데 만약 리서치 역량이 남들보다 부족해서 하루 안에 하기 어렵고, 하루나 이틀 정도 더 있으면 좀 더 정리된 형태로 보고할 수 있을 것 같다는 판단이 서면 상사에게 "팀장님, 제가 그동안 몇 번 리서치해보니 그 일에 대해 감이나 경험이 아직 부족해서 남들보다 시간이 좀 더 걸렸습니다. 가능하다면 하루 이틀 정도 시간을 더 주실 수 있을까요? 참고자료들도 더 찾아보고, 깔끔하게 정리해서 보고드리고 싶습니다"라고 말해보자. 이유 없이 거절할 상사는 없을 것이다.

여기서 가장 중요한 것은 나의 업무 속도와 업무적 장단점을 객관적으로 잘 알고 있어야 한다는 것이다. 모든 사람이 모든 스타일의 일을 빠르게 처리할 수는 없고, 일을 다 잘하지도 않는다. 사람에 따라 빠른 속도로 익숙하게 처리할 수 있는 일이 있고, 아무리 최선을 다해도 남들보다 조금 더 속도가 걸리는 일이 있기 마련이다. 나의 경우 주니어 시절에 남들보다 엑셀을 빠르게 다루지 못해 대규모 데이터를 다뤄야 할 때는 늘 엑셀 수식을 다시 한번 찾아보면서 해야 했다. 단축키를 자유롭게 사용하고 수식을 외우고 있던 동기들에게 배워야 할 때도 있었다. 그러나 보고서를 작성하고 구조를 잡는 일은 누구보다 빠르게 할 수 있었다.

이렇게 나의 특성을 감안하되, 합리적인 수준의 업무 계획을 제시해야 한다. 평균적으로 이틀이면 할 일을 너무 당당하게 "팀장님, 제가 일이 너무 느려서요. 아시죠? 저는 이 일을 2주 정도 해야 할 것 같아요"라는 식은 비합리적이다. 제시한 기간을 상사가 합의하면 그 일을 방해받지 않고 기한 내에 해내면 된다.

일잘러의 상황별 업무 계획 엿보기

일잘러들은 실제 회사에서 어떻게 업무 계획을 만들고, 상사와 소통할까? 이를 상황별로 살펴보자.

<상사가 데드라인을 주지 않을 때: 업무 계획 제시하기>

상사: 혜원 씨, 화장품 시장 리서치를 해야 하는데 시간 될 때 틈틈이 해서 줘요.

혜원: 팀장님, 그래도 언제쯤 필요하실까요? 제 생각에는 지금 제가 하고 있는 일을 마무리하고 내일부터 시작하면, 3일 정도 후에 중간본 한번 보여드릴 수 있을 것 같고, 다음 주 수요일까지 최종 마무리할 수 있을 것 같습니다. 그렇게 해볼까요?

<상사의 데드라인이 지나치게 빡빡할 때: 가능한 수준 말하기>

상사: 형욱 씨, 이거 엑셀로 작업해서 정리 좀 해줘요. 3시간이면 할 수 있죠?

형욱: 팀장님, 데이터가 너무 많아서 사업부별 정리까지는 3시간 내 가능할 것 같은데, 상품별 정리까지 하려면 시간이 조금 더 걸릴 것 같습니다. 사업부별 정리까지만 해서 일단 드려볼까요?

<상사가 동시에 2가지 일을 지시했을 때: 우선순위 물어보기>

상사: 우성 씨, 이거 전무님께 보고해야 하는 급한 일인데, 내일까지 할 수 있나?

우성: 팀장님, 어제 급하다고 하신 구매 보고서도 내일까지 달라고 하셔서 쓰고 있는데, 그럼 어떤 것을 먼저 할까요?

누군가는 회사를 월급받기 위해 다니기도 하지만, 누군가는 나의 역량을 펼치고 자아를 실현하기 위해 다니기도 한다. 무리한 업무 데드라인에 '넵' 한 후에 스트레스 받지 말고, 나의 성과를 저평가받지도 말자. '천천히 하라'는 상사의 말을 절대 믿어서는 안 된다. 회사의 속도가 아닌 나의 속도와 역량을 고려한, 상사에게 방해받지 않고 업무에 집중할 수 있는 내 업무 계획대로 일해야 한다.

2

업무 계획에도
피드백이 필요하다

내가 언제, 뭘 하는지 상사가 안다는 것은

좋은 상사 유형에 대해 후배와 이야기를 나눈 적 있었다. 리더로서 방향성을 잘 제시하고, 리더십 있게 업무를 이끌어주고, 상세하게 피드백도 주고… 그중 가장 최고로 뽑힌 것 중 하나는 '나를 믿어주고 기다려주는 것'이었다. 일을 주고 나서 "재민 씨, 이거 다 됐나? 도대체 언제까지 할 거야?"라며 재촉하지 않는 상사 말이다. 말하지 않아도 느껴지는 상사의 '거친 생각과 불안한 눈빛은~' 우리를 숨 막히게 한다.

나, 못 믿니? 그냥 네가 할래?

왜 상사는 나를 믿지 못할까?

왜 늘 불안해하는 것처럼 보일까?

상사의 불안 강도가 심해질수록 '그걸 지켜보는 나~', 그의 히스테리를 그대로 받는 나는 슬프게도 내 페이스를 지킬 수 없게 된다. 자꾸 재촉하고 방해하니 결과물은 더 엉망이 된다. 그럴 때마다 "내 성과가 잘 안 나오는 것의 8할은 당신 책임이야"라는 말과 함께 보고서를 던지고 쿨하게 퇴사하는 날을 꿈꾸지만, 오늘도 우리는 출근하기에 이 난관을 어떻게 헤쳐나가야 할까?

내 것인 듯 내 것 아닌 업무 계획

상사가 나를 못 믿는 이유 중 하나는 내 업무 계획이 제대로 전달되지 않았기 때문이다. 매일 같은 일을 하는 경우 그 업무에 대해 상사와 매번 커뮤니케이션할 필요는 없지만 조금이라도 다른 일을, 특히 상사가 특별히 지시한 일을 해야 하는 상황이라면 업무 계획에 대한 커뮤니케이션은 필수다. 혹시라도 '내 업무 계획을 적에게 알리지 말라'라는 회사 가치관을 가진 사람이 있다면, 그 작전은 상사의 눈에 안 띄고 잘 숨어 있는 데는 최적이지만, 일잘러가 되는 데에는 최악의 전략이다.

내 업무 계획은 내 것이 아니다. 상사는 내가 언제까지 무엇을 하고 있는지 대략이라도 알아야 한다. 상사가 지시한 그 일을 언제까지 할 것인지, 현재 어떻게 되고 있는지를 알면, 그는 일단 안심한다. 여기서 핵심은 상사가 '업무 계획에 동의했는지' 여부다. 나와 상사가 어떻게 같은 것을 다르게 바라보는지, 우리의 동상이몽을 이야기해보겠다.

상사는 나에게 시장 리서치를 '오늘부터 해서 금요일까지' 달라고 했다. 나는 이 말을 '금요일까지 리서치를 완성해서 보고서를 작성'하면 되는 것으로 여겼다. 그러나 상사는 나에게 시장 리서치를 받고, 김 과장에게는 전략 파트를 받아서 다음 주 화요일까지 보고서를 완성하여 부사장님께 보고할 생각이었다. 금요일까지 리서치를 끝내는 것은 같지만, 서로의 마음가짐 측면에서는 묘하게 다르다. 나는 리서치 보고서를 금요일까지 완료하면 될 일이지만, 상사는 이를 다른 내용들과 취합하여 보고할 계획이었기 때문에 만약 내가 한 리서치 결과물이 별로라서 일을 다시 해야 한다면 상사의 타임라인에 차질이 생기게 된다.

이런 경우를 대비해 상사의 타임라인까지 고려하여 나의 업무 계획을 세워야 한다. "수정이 있을 수도 있으니 최대한 목요일에 리서치 결과물을 드릴까요?"라고 상사에게 물어보자. 쿨한 척하며 일을 줬지만 내심 불안했던 상사는 "아이고, 고마워. 목요일까지 주면 난 너무 고맙지"라고 할지도 모른다. 소심해서 혹은 배려심이 너무 넘쳐서 전전긍긍하고 있을 상사를 조금만 이해해주자.

업무 계획 피드백 받는 법

내 업무 계획이지만 상사의 업무 계획도 고려해야 한다면, 어떻게 상사의 피드백을 받아 계획을 업그레이드할 수 있을까? 기본적으로 내 일에 대한 업무 계획 잡는 것부터 학습해야 한다. 업무 계획 피드백을 받는 방법을 익히는 것은 심화 편이라고 할 수 있다. 그러므로 다음 내용이 어렵다면 '나를 위한 업무 계획 만들기'부터 익숙해진 후에 업무 계획 피드백 받기를 실천해보기를 권한다.

첫째, 데드라인을 잡을 때는 상사의 데드라인을 함께 고려한다.
나 혼자 일하고 팀장에게 보고하면 끝나는 일도 있지만, 내 일이 상사 일의 일부가 되는 경우가 더 많다. 그러니 데드라인 잡을 때 상사에게 물어보자.

팀장: 수연 씨 작년과 올해 분기별 매출하고 영업이익 데이터를 분석해주세요. 분석은 작년에 했던 보고자료 있죠? 그거랑 비슷하게 해주면 돼요. 전무님께 보고해야 해서요.

수연: (가장 먼저 해야 하는 질문) 네, 팀장님. 언제까지 하면 될까요?

팀장: ('최대한 빨리 달라고 해야지'라고 생각하지만) 금요일까지 줘요.

수연: 그러면 혹시 전무님 보고는 언제쯤으로 생각하시는지 여쭤봐도 될까요?

팀장: ('그걸 왜 묻지'라고 생각하지만, 답은 해준다) 다음 주 월요일에 바로 할 건데?

수연: 그럼 혹시라도 수정 사항이 있을지 모르니 최대한 목요일까지 해보겠습니다.

중요한 팁은 눈치를 잘 봐서 말해야 한다는 것이다. 상사가 나에 대한 신뢰가 별로 없어서 "수연 씨 그런 걸 왜 묻지? 내 데드라인 묻지 말고 본인 일이나 정해진 날까지 제발 다 해서 와요"라고 한다면 안 하느니만 못한 일이 되기 때문이다. 상사와 신뢰를 쌓아가며 적용해야 한다.

둘째, 업무 순서에 대한 상사의 의견을 들어본다. 일잘러와 일못러의 차이는 업무 순서를 알고 있다는 것이다. 일잘러들은 누구에게 먼저 묻고, 어떤 일을 먼저 해야 다음 일이 효율적으로 된다는 것을 꿰고 있다.

팀장: 수연 씨 그때 우리 팀에서 했던 원가율 개선 회의를 유관부서들과도 해야 하는데 자료 준비하고, 유관부서들하고 회의 좀 잡아주세요.

수연: 네, 팀장님. 그런데 자료를 먼저 초안이라도 준비하고 회의하자

고 이메일을 보낼까 싶은데, 어떻게 생각하세요?

팀장: 음, 그 자료는 유관부서 입장에서는 민감할 수 있으니 굳이 사전에 보내는 것은 더 안 좋을 것 같은데. 회의 배경과 안건 정도만 간단히 보내면서 자료는 당일에 설명하겠다고 하면 어떨까?

수연: 네, 그렇게 하겠습니다. 그럼 회의 요청 메일은 오늘 보내고, 자료는 수요일까지 초안 잡아서 팀장님께 먼저 보여드리겠습니다.

팀장: 좋아, 그렇게 합시다.

내 업무 계획에 대해 가급적 상세하게, 데드라인과 순서까지 상사와 공유하고 상사의 의견까지 받는 것은 정말 완벽하게 상사와 한 팀이 되는 전략이다. 상사 입장에서는 수연 씨가 언제까지 뭘 하는지, 어떤 순서로 할지를 모두 알고 있으니 불안할 필요가 없다. 중간에 돌발 상황이 생긴다고 해도 업무 순서와 진행 상황을 대략적으로라도 알고 있어 대응하기도 쉽다.

tvN 예능 프로그램 〈유 퀴즈 온 더 블럭〉에 잘나가는 MD가 나와서 '직장인 언어 해석본'에 관해 이야기한 적 있다. '네, 언제든지 연락주세요'라는 말은 '연락주지 마세요'라는 의미고, '언제까지 드리면 될까요?'라고 묻는 건 '오늘까지는 아니라고 해주세요'라는 의미라고 설명하여 시청자들의 웃음과 공감을 자아냈다.

요즘은 상사도 직원들 눈치 보느라 피드백을 잘 안 하는 경우

가 많다. 내 업무 계획에 대해 상사가 OK했다고 해도 진정한 OK
가 아닐 수 있으니 한 번 더 물어보자. "팀장님, 금요일까지라고 하
셨지만, 목요일까지 최대한 해서 드리는 게 좋겠죠?", "업무 순서를
이렇게 생각하고 있는데, 맞는 방향일까요?"라고 말이다. 입꼬리가
살며시 올라가는 팀장의 얼굴을 보게 될 것이다.

3

그날 업무는
그날 마무리

업무 계획은 반드시 지켜라

'그날' 나는 프로젝트로 외근 업무를 하는 상황이었고, 가영 씨가 해야 했던 업무는 '그날까지' 유관부서에 자료를 넘기는 것이었다. 그녀는 정확히 저녁 6시에 채팅으로 파일을 보내면서 "팀장님, 현재본입니다. 다 못했는데, 제가 오늘 선약이 있어서 얼른 갔다가 집에 가서 마저 업무 마무리하겠습니다"라고 했다. 그때 나는 회의 중이어서 1시간 뒤인 7시가 되어서야 가영 씨가 보낸 채팅 메시지를 확인했다. 파일을 열어 내용을 확인해보니 생각했던 방향과는 전혀 다른 산출물이었다. 결국 나는 처음부터 다시 작업해서 밤 9시 반에 유관부서에 메일을 보내고 퇴근했다.

가영 씨는 무슨 잘못을 한 걸까? 개인적으로 그녀의 잘못이라고 생각하지는 않는다. 다만, 그 일이 언제 어떻게 마무리되어야 할지에 대해 조금만 더 생각했더라면 본인이 맡은 일을 더 잘 마무리할 수 있지 않았을까. 그날 있었던 꼬리에 꼬리를 무는 이야기를 해보겠다.

<가영의 그날 이야기>

이상하게 그날 아침부터 우리 시스템에 대해 질문이 들어오는 일이 많았다. 오전 내내 그 일을 하느라 꽁지 빠지게 뛰어다녔다. 마침 팀장님도 외근 나간 날이라 어려운 문제들을 스스로 해결해야 하다 보니 시간이 더 오래 걸렸다. 정신없이 일을 하다가 시계를 보니, 벌써 오후 3시! 아, 얼른 '그 일'을 시작해야 하는데… 오늘따라 팀장님도 바쁘신지 별 이야기가 없다. 4시가 되어서야 겨우 '그 일'을 시작할 수 있었다. 오늘 저녁 약속을 늦출까도 생각했지만, 너무 중요한 선약이라 그럴 수가 없다. 얼른 갔다가 조금 일찍 양해를 구하고 나와서 집에 가서 일을 마무리해야겠다. 그런데 집에 와 보니 팀장님이 일을 다시 해서 메일을 보냈다. 내가 하려고 했는데… 마음이 너무 불편하다.

<나의 그날 이야기>

그날은 파트타임으로 참여하고 있는 다른 프로젝트 때문에 외근을 나와 있었는데, 프로젝트가 너무 바빴다. 평소 같으면 우리 팀원들 업무에 별일이 없는지 한 번씩 체크해볼 만도 한데, 그날은 정말 그럴 수 없었다. 모든 일정이 끝나고 시계를 보니, 저녁 7시. 우리 팀원들은 집에 갔으려나 하고 채팅창을 보니 가영 씨가 파일을 보내고 퇴근했다. 아차, 이거 오늘 유관부서에 보내야 하는데, 어디 한번 보자. 파일을 여니 내가 의도했던 것과 완전히 다른 방향이다. 그녀에게 연락해볼까? 선약이 있다고 했으니 기다릴까? 아, 그러면 밤 10시가 넘어서 다시 일을 시작해야 할 것 같다. 그냥 내가 하자. 결국 저녁을 적당히 때우고 야근했다.

중간 커뮤니케이션의 중요성

그날 업무는 그날 업무 시간 내에 마무리해야 한다. 혼자 하면 끝나는 일이 아니고, 누군가에게 보고 받아야 하거나, 누군가에게 또다시 전달되어야 하는 일이라면 더욱더 그날 마무리해야만 한다. '그날' 가영 씨는 일 시작이 늦어지고 있음을 감지했을 때, 오후 2~3시쯤에라도 나에게 커뮤니케이션했어야 했다. "팀장님, 제가 오전 내내 문의 사항 대응하느라 업무 시작을 아직 못 했습니다. 지금도 급하다고 연락해온 건이 있어서 어떤 것을 우선순위로 해야 할지 의견 부탁드립니다." 만약 가영 씨가 나에게 그 이야기를 해줬다면 나는 그녀에게 다른 가이드라인을 줬을지도 모른다. 지금 연락해 오는 긴급 대응 건에 대해 같은 팀원인 수훈 씨에게 부탁하라고 하거나, 최대한 지금부터 집중해서 오후 5시 반까지 작업한 내용을 한번 보자, 나머지는 내가 마무리하겠다 등 여러 가지 옵션을 생각했을 것이다.

만약 가영 씨가 중간에 보고할 타이밍을 놓쳤다면, 오후 5시 반 전에 최소한 전화라도 해서 상황을 알리고 상의해야 한다. 메신저 채팅이나 전화나 그게 그거라고 생각할 수도 있지만, 업무에 차질이 있는 경우에는 설명을 전화로 할지, 채팅으로 할지에 따라 그 온도가 극명하게 다르다. 전화했다면 나는 퇴근 후 본인의 스케줄에 대해 들었으니 내가 하겠다고 말했을 것이다. 또는 같은 팀 수훈 씨에게 1시간만 도와줄 수 있냐고 물었을 수도 있다. 적어도 (그녀의 의도와는 달리) '이렇게 던지고 간다고? 갑자기?'라는 생각은 조금 덜 들었을지도 모른다.

근로계약서에 따라 저녁 6시가 넘으면 야근이고, 야근을 반드시 해야 하는 의무는 없으니 시간이 되어 퇴근하는 것에 대해 뭐라고 할 수는 없다. 다만, 자신이 맡은 일이 오늘 마감이라면 어떤 식으로든 책임감 있게 마무리해야 한다. 정말 피치 못하게 마무리를 못했다면, 팀장이나 팀의 다른 사람이 마무리할 수 있도록 커뮤니케이션을 미리 해야 한다.

나의 노력이 물거품 되지 않도록

꼭 그날 마무리해야 하는 업무가 아니더라도 업무 상황에 대해 종종 이야기하는 사람들이 있다. 묻지도 않았는데, "저 오늘 A 업무는 반 정도 했으니 내일 꼭 마무리해서 팀장님께 보내드릴게요. 그리고 내일 B 업무 시작하려고요"라고 말한다. 나도 팀장이었을 때 팀원의 이런 태도가 낯설어서 '뭐지, 일하고 있다고 어필하는 건가'라고 생각한 적 있다. 하지만 자꾸 말해주니 왠지 모르게 '이 친구는 오늘 해야 하는 만큼의 일을 다 하고 퇴근하는 거구나'라는 느낌이 들었다. 자연스럽게 그의 진도와 그날그날의 노력을 알게 됐다.

일잘러들은 일을 덜 하고 퇴근하지 않는다. 본인의 계획에 따라 일하고, 오늘까지 해야 하는 일이라면 정확히 커뮤니케이션해서 자기의 역할이 끝났음을 확인하고 퇴근한다. 혹시 과거 언젠가 일이 마무리되지도 않았는데 퇴근 시간이라는 이유로 상사에게 쿨하게 자료를 던지고 퇴근한 적은 없었나 돌아보자. 상사에게 '나머지는 너님이 알아서 하세요'라고 어택attack한 적은 없는지, '아 몰라, 일단 던지고 자기가 급하면 연락하겠지'라면서 흐린 눈을 한 적은 없는지 생각해보자. 이런 행동들은 일에 쏟은 내 시간과 노력이 물거품이 되어 버리는 아쉬운 행동임을 절대 잊지 말아야 한다.

상사는 바쁘다. 내 일만 검토하는 것이 아니다. 일의 마무리가 진짜 됐음을 상사에게 분명히 알려야 나의 시간과 노력의 가치를 상사가 알아준다. 나는 마무리했다고 생각할지라도 상사 입장에서는 아니라고 생각하면 제아무리 열심히 했어도 능력을 인정받기 어렵다. 열심히 일하고 아쉬운 결과를 받는 일 없도록 하자.

데드라인 조정은
죄가 아니다

데드라인 현명하게 조정하는 법

데드라인deadline은 본래 미국 남북전쟁 당시 포로수용소에 그어져 있던 선으로, 미국 남군이 포로들의 탈출을 막기 위해 감옥 장벽 안쪽에 파놓은 아주 길고 깊은 웅덩이를 의미했다. 포로들이 탈출하려고 시도하는 순간, 그대로 웅덩이에 빠져 죽었다고 해서 데드라인이라 이름 붙였다. 오늘날 이 용어는 의미가 확대되어 마감 시간 혹은 업무의 최종기한을 의미하는 단어로 사용되고 있다.

"이 대리, 5시 지났다. 데드라인 똑바로 안 지키니!!!"

저쪽에서 부장님의 외침이 들려온다. 조금만 더 하면 완성이라 곧 가져가려고 했는데, 부장은 일 안 하고 시계만 보고 있는지 아주 칼같이 재촉한다. 알람 시계라도 맞춰놓은 걸까? 오후 5시 정각, 그가 파놓은 길고 깊은 웅덩이에 나는 오늘도 빠졌다.

사전 양해는 필수

회사에서 데드라인은 매우 중요하다. 데드라인은 상사와의 약속이고, 때로는 고객, 협력 업체, 유관부서와의 약속이기도 하다. 반드시 지켜야 하는 기한이며 서로에 대한 예의이자 업무의 기본이다. 그래서인지 사람 좋기로 소문난 상사도 데드라인에는 예외가 없는 경우가 많다.

　문제는 회사생활에는 여러 변수가 존재하고, 다양한 돌발 상황들이 발생하므로 데드라인을 항상 지키기는 어렵다는 것이다. 나는 이 데드라인에 대해 '지켜야 하지만 못 지켰다고 해서 죽을죄를 지은 것은 아니다'라고 생각한다. 사람이 하는 일이니 데드라인을 지키지 못하는 불가피한 상황은 누구에게나 발생할 수 있다. 다만, 말없이 데드라인을 어기는 것은 민폐가 될 수 있다. 부득이하게 지킬 수 없는 상황이라면 상대에게 사전 설명을 하고 조정이 필요하다면 조정해야 한다.

우선, 정중한 중간 커뮤니케이션이 필요하다. 데드라인 날짜가 도래하기 전에, 데드라인을 못 지킬 위험이 감지된 시점에 나를 기다릴 상대방에게 미안함과 양해의 마음을 담아 커뮤니케이션해야 한다. 이때 상대방이 납득할 만한 상황이나 불가피한 이유를 설명하는 것이 좋다. 굳이 이유까지 알려줘야 하나 싶을 수도 있지만, 내 업무 결과를 기다리며 후속 작업을 미리 준비해두었을 수도 있는 상대방에 대한 예의라고 생각하자. 그런 다음 언제쯤으로 데드라인을 조정할 수 있을지 여러 방안을 제시해줘야 한다. 먼저 데드라인을 어긴 것은 나이므로 상대방의 의견을 묻는 식으로 커뮤니케이션하면 더 좋다.

입장을 바꿔놓고 생각해보면 이해하기 쉽다. 예를 들어, 옆 팀의 이 대리가 계약담당자인 나에게 오늘까지 견적서를 줄 테니 계약이 최대한 빨리 성사될 수 있도록 이후 진행을 부탁했다. 나는 이 대리가 급한 건이라고 하니 빨리 체결해주기 위해 다른 부서 김 차장과 연계된 이 계약 건의 결재를 김 차장에게 미리 부탁해두었다. 김 차장의 결재가 미리 준비되면 계약을 훨씬 빨리 진행시킬 수 있기 때문이다. 회사의 결재 라인은 꽤 복잡해 단축할 수 있는 부분은 미리 단축해둔 것이다. 오후 6시 5분 전, 이 대리의 견적서가 감감무소식이다. 오늘까지 꼭 넘기겠다고 해서 계약에 차질이 생기지 않게 평소에 친하지도 않은 김 차장에게 굽신거리며 아쉬운 말을 다 해놓았는데, 이런 우라질레이션! 이럴 거면 괜히 이야기했다는 후회가 밀려온다.

그러므로 늦어도 데드라인 하루 전에는 커뮤니케이션하는 게 좋다. "정 과장님, 제가 내일까지 꼭 견적서를 드리기로 했는데, 팀 내 회의에서 계약 조건이 수정되면서 작업이 더 필요하여 내일까지 준비가 어려울 것 같습니다. 기다리실 것 같아 미리 말씀드립니다. 다른 준비를 미리 했을 수도 있는데, 죄송합니다. 최대한 빨리 작업하면 목요일 오전까지 보내드릴 수 있을 것 같습니다. 그렇게 해도 괜찮을까요?" 이렇게 말하는 사람에게 누가 데드라인을 어겼다며 화를 낼 수 있을까.

또 다른 상황을 생각해보자. 상사에게 보고해야 하는 기한을 조정해야 하는 경우다. 김 상무는 최 과장의 보고서를 기다리고 있다. 최 과장이 오늘 오후 3시까지 주기로 했으니 얼른 보고 나서 5시 사장님 회의 때 그 내용을 살짝 말씀드릴 생각이다. 프로젝트 진행상의 이슈가 있다면 나중에 정식 보고를 하더라도 중간에 언급해 두는 것이 안전하겠다는 전략을 짠 것이다.

그런데 3시 반이 되도록 소식이 없다. "최 과장, 보고서 안 됐나?"라고 물으니 최 과장은 순수한 표정으로 "어제 상무님이 시키신 일 하느라 아직 시작도 못 했는데요"라고 답한다. '아니, 그럼 미리 말을 했어야지! 사장님 보고 때 뭐라도 이야기해야 하는데, 망했다.' 최 과장을 믿는 것이 아니었다. "그냥 내 방에 들어와서 지금까지 파악된 것들이라도 이야기해줘요!" 김 상무는 오랜만에 화가 머리끝까지 치밀었다.

최 과장은 늦어도 데드라인 당일 오전에는 커뮤니케이션했어야 했다. "상무님, 어제 주셨던 일을 마무리하느라 프로젝트 진행 상황 정리하는 업무를 이제 시작합니다. 어제 말씀한 오늘 오후 3시까지는 완성이 안 될 것 같은데, 시간을 조금 더 줄 수 있을까요?" 김 상무는 사장 보고를 염두에 두고 있었기 때문에 "그럼 초안이라도 만들어서 3시에 봅시다. 내용만 먼저 이야기해주면 자료 완성은 그다음에 해도 괜찮으니까요. 내가 사장님 보고에서 이슈를 언급만 해놓으려고 해요"라고 말했을 것이다.

조정을 조금 더 순조롭게 하려면 '지금까지 작성된 내용'을 준비해두는 것이 좋다. 중간 현황을 말만이 아닌 현재까지의 결과물로 상사에게 알림으로써 상사가 그다음 의사결정을 하는 데 도움을 주는 것이다. 이것은 '지금까지 일을 안 한 게 아니라 여기까지는 했습니다'라는 의미도 된다.

데드라인 앞에서 모두를 살리는 길

미국 남북전쟁에서 유래한 데드라인의 의미를 다시 한번 현대의 회사에 대입해서 재해석해보면, 누군가 어긴 데드라인은 연관된 모든 사람을 웅덩이에 빠뜨릴 수 있다. 나에게는 하루 이틀 미루면 그만인 일일 수 있지만, 그걸 기다리는 누군가는 그날, 그 시간이 절실한 타이밍일 수도 있기 때문이다.

데드라인 조정은 단순하게 내가 다 못한 일에 대한 양해를 구하는 것이 아니다. 나의 결과물을 기다리고, 그 이후에 액션을 취하려고 준비하고 있는 상대방에 대한 예의이자 배려다. 일잘러들은 데드라인을 어겨 누군가의 속을 터뜨리고, 짜증 지수를 급상승하게 하거나, 그의 계획을 망가뜨려 곤란하게 하지 않는다. 부득이하게 데드라인을 못 지킬 것 같을 때는 미리 연락하여 나를 기다리는 상대방에게 '내 데드라인'을 예측 가능하게 해준다. 이것이 데드라인 앞에서 아무도 죽이지 않고, 모두를 살릴 수 있는 최선의 방법이다.

5

일잘러의 기본은 메모

멘털을 지켜주는 메모법

"고 대리, 내가 말하면 좀 적으세요!"

오늘도 김 부장은 회의실에서 폭발한다. 항상 폭발하여 별명이 활화산인 그의 화산 활동은 오늘도 현재진행형이다. '저기요, 열심히 적고 있습니다. 믿지 않겠지만, 저는 항상 당신의 말을 적고 있었습니다. 종이에 안 적고 태블릿에 적고 있는 것뿐인데, 설마 종이가 아니면 메모라고 생각하지 않는 건가요?' 혹시 눈을 안 뜨고 있는 건 아닐까, 고 대리는 김 부장의 안경 속 눈을 가만히 들여다본다.

"아니, 고 대리! 그걸 다 적고 있어? 핵심만 적으라고!"

어느 날은 고 대리가 손이 보이지 않을 정도로 열심히 적고 있는데 김 부장의 두 번째 짜증이 터졌다. '부장님, 저번에 핵심만 적고 있다고 했더니 본인 말은 하나도 빠짐없이 다 적으라면서요. 저보고 도대체 어떻게 하라는 거죠.' 저분은 그냥 나를 싫어하는 게

직장인 받아쓰기

자네!! 안 적고 뭐하나!

버럭

자네는 왜, 다 적고 있나?

버럭

분명하다. 말대꾸하고 싶지만, 꾹 참는다. 진짜 더러워서 회사생활 못 하겠다.

오늘도 억울할 일 없도록

회사생활에서 메모는 필수 역량이다. 그러나 입사하기 전까지는 아무도 메모하는 역량이 필수 역량이라고 말해주거나 그 방법을 알려주지 않는다. 메모는 기억하기 위해 하는 것이 아니라 잊기 위해 하는 것이다. 회사에서는 정말 많은 지시 사항이 오고 간다. 업무의 큰 방향부터 자료 몇 페이지의 띄어쓰기 하나, 오탈자 삭제 하나까지. 회의 시간에 쏟아내는 상사의 말은 정말 빠르다. 아무리 기억력이 좋아도 적지 않으면 그 많은 지시 사항을 뇌에 체계적으로 넣는 것은 불가능한 일이다. 적어놓았다면 잊어버려도 다시 생각날 수 있으므로 조금은 마음이 편안하다. 우리는 잊기 위해 적어야만 하는 것이다.

반대로 우리는 잊지 않기 위해 적어야 하기도 한다. 나만 내용을 기억 못하는 것은 아니다. 나보다 훨씬 많은 사항을 뇌에서 처리하고 있는 상사는 당연히 나보다 기억하기 힘들다. 때로는 이전에 했던 말과 지금의 지시 사항이 다르기도 하다. 독일의 과학자 헤르만 에빙하우스Hermann Ebbinghaus의 망각곡선에 의하면 인간은 학습 후 10분 후부터 망각이 시작되고 1시간이 지나면 기억의 절반이 휘발

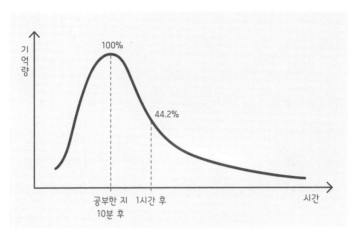

인간의 기억력은 1시간만 지나도 절반 이상 사라져버린다.

된다고 한다. 기억의 휘발성은 이렇듯 당연하고 모두에게 평등하게 적용된다.

　기록은 기억을 지배한다. 기록을 잘하면 휘발된 기억을 붙잡을 수 있고, 어떤 사실에 대해 서로 기억하지 못할 때 "보세요. 그때 이렇게 말씀하셔서 적어두었습니다"라고 기록을 보며 서로의 기억을 맞춰갈 수 있다. 회사생활은 메모하고 메모한 것들을 다시 떠올려 복기하고, 그것을 이행하고, 이행하고 나면 메모를 삭제하는 반복의 연속일지도 모른다. 나는 메모를 잘하는 후배와 일할 때 가장 편하다. 혜진 씨는 정말 메모를 잘한다. 작은 이야기라도 항상 노트를 가지고 오고, 회의할 때 노트북을 사용해 메모한다. 본인이 회의록 담당자가 아닐 때도 메모해서 회의가 끝나면 팀 채팅창에 공유해준다.

그런 그녀와 보고서 리뷰를 하던 날이었다. 지난번에 이야기했던 내용이 반영이 안 된 것 같아서 "혜진 씨, 이 부분은 매출 말고 수익률로 표시하기로 하지 않았나?"라고 물으니 그녀는 지난번 리뷰했던 회의 메모를 꺼내어 "매출로 표시할지 수익률로 표시할지 고민을 많이 하다가 매출로 일단 표시하고 다음 리뷰 때 다시 한번 생각하자고 하셨습니다"라고 답했다. 사실 나도 내가 피드백한 내용을 모두 기억하기는 어렵기 때문에 혜진 씨의 메모는 일을 처리하는 데 도움이 많이 된다. 그녀와의 회의에서 '이거 왜 반영 안 했어? → 팀장님이 그때 하지 말라고 하셨는데요? → 내가 언제? → 그때 분명히 그러셨어요' 식의 답답한 상황은 발생하지 않는다.

이런 상황이 몇 차례 반복되고 나니 나는 혜진 씨의 메모나 회의록 내용을 신뢰하게 됐다. 메모를 잘하는 직원은 대부분 본인의 업무에 책임감이 강하고, 자기만의 중심을 잡고 있는 경우가 많다. 불확실한 기억에 의존하지 않고, 좀 더 확실한 기록에 따라 자기주장을 펼치고, 상사의 기억 보존을 돕는다. 그래서 메모는 상사와의 신뢰의 발판이 되어주기도 한다.

메모 잘하고 잘 활용하는 법

일잘러의 기본은 메모를 잘하는 것뿐 아니라 잘 활용하는 것까지다. 어떤 게 잘한 메모고, 어떻게 해야 메모를 잘 활용할 수 있을까? 메모할 때 고민되는 4가지 궁금증을 통해 알아보자.

궁금증 1. 메모 또는 회의록은 다 받아 적어야 할까, 핵심만 적어야 할까?

내용을 모를 때는 무조건 다 적어야 하고, 어느 정도 회의 내용을 알고 있을 때는 핵심만 적어도 된다. 회의 성격에 따라서도 다른데, 누가 무슨 말을 했는지가 중요한 의사결정에 대한 회의는 다 적는 것이 좋고, 결론만 알아도 된다고 판단되는 회의는 핵심 내용, 즉 결론만 적어도 된다.

상사들이 흔히 하는 착각은 핵심만 적는 게 더 효율적이라고 생각하는 것이다. 그러나 신입사원이나 일을 맡은 지 얼마 안 된 주니어 입장에서는 회의 내용이나 용어 등을 모두 이해하기 어려운 경우가 많아서 핵심이 무엇인지 파악하기 어렵다. 더구나 임원 회의는 대부분 말을 함축적으로 하기 때문에 주어-목적어-서술어가 완벽히 맞지 않아 무슨 의미인지 회의 당시에는 이해가 안 되는 경우가 많다. 이런 상태로 핵심만 적으라고 하면 '핵심만 빠진' 회의록이 나올 가능성이 크다.

회사생활 14년 차인 나는 지금도 프로젝트를 처음 시작하여 내용을 잘 모를 때는 무조건 회의 내용을 다 받아 적는다. 특히 임원들과 함께하는 회의는 다 받아 적으려고 한다. 그렇게 하면 회의 내용을 놓쳐도 걱정되지 않고, 다시 보며 공부할 수 있다. 무엇보다 누가 무슨 말을 했는지 기록으로 쌓이면 어느 임원이 어떤 관점을 가진 사람인지, 어떤 말을 반복적으로 하는지 등을 알 수 있게 된다.

궁금증2. 상사가 다 적지 말고 핵심만 적으라는데요?

팀 전체에 공유하는 회의록이나 제출용 서류라면 모든 내용을 적었더라도 핵심만 남기고 정리해야 한다. 회의 내용을 몰라서, 공부하려고 다 적어놓았다고 해서 그대로 누군가에게 공유하면 안 된다. 회의록을 받아보는 사람들은 누가 무슨 말을 했는지까지 읽고 싶어하지 않는다. 주요 내용만 간단히 남기고 결정된 사항에 대해서는 밑줄이나 글씨를 진하게 하여 강조하고, 이후 추진follow-up이 필요한 건들은 별도로 표시해두는 게 좋다. 보는 사람이 회의 내용의 결론만 알 수 있도록 하는 것이 중요하다.

임원 선까지 공유되는 회의록이거나 핵심을 잘 요약했는지 헷갈린다면, 선배에게 피드백을 받는 게 좋다. 몇 차례 피드백을 받게 되면 어느 정도까지 어떻게 정리하는 것이 좋을지에 대한 감이 생긴다.

궁금증 3. 회의록 쓰는 데 시간이 많이 걸려서 일이 계속 밀려요!

회의록은 회의 시간에 최대한 다 쓰고, 이후에 정리할 때는 30분을 넘기지 않는 것이 좋다. 내용이 이해가 안 된다며 녹음한 회의 내용을 다시 다 들으면서 회의록만 3~4시간 쓰고 있는 직원이 있었다. 이는 회의 때 집중하지 않았다는 방증만 될 뿐이다. 상사가 그 사실을 안다면 '그걸 왜 다 받아 적냐'고 한소리 듣기 십상이다.

중요도가 높아서 모든 임원에게 공유해야만 하는 회의록은 시간을 더 들여서 잘 작성하는 것이 필요하겠지만, 일상적인 회의들은 회의록 작성에 그만한 시간을 들여서는 안 된다. 회의록을 쓰거나 회의 내용을 메모하는 것은 고도의 집중력이 요구되는 일이니 회의 때 딴생각하지 말도록(다 보인다!).

궁금증 4. 메모가 필요할 때 어떻게 빨리 찾죠?

회의록이나 메모를 다시 꺼내봐야 하는 상황에서 최대한 빨리 찾을 수 있도록 회의의 날짜와 제목, 키워드 등을 파일 제목으로 정리해두는 것이 좋다. 노트 필기를 한 경우에도 이것만 잘 정리해두면 메모를 다시 찾기 쉽다. 회의 내용을 잘 기록하는 것만이 중요할 것 같지만, 메모를 잘 활용하지 못하면 기록한 의미가 없다. 잘 찾아 쓸 수 있도록 제목과 날짜 등에도 신경 쓰자.

또한 일을 하다가 궁금한 부분이 생기면 회의록이나 메모를 활용하면 좋다. 중요한 임원 회의는 누가 시키지 않아도 몇 번씩 메모 내용을 정독해보자. 임원들의 말을 정독하는 것만으로도 큰 공부가 된다. 덤으로 필요한 순간에 "2주 전 회의에서 그 이야기가 있었습니다"라고 바로 대답하는 능력을 갖게 될 것이다.

일잘러들을 잘 관찰해보면 메모를 안 하는 사람은 한 명도 없다. 메모하고 그 내용을 기억해내는 방식이 사람마다 다를 뿐 메모하기는 일잘러의 기본 중의 기본이다. 메모를 잘해야 업무 히스토리에 대해 잘 꿰고 있을 수 있고, 내 업무를 중심 잡고 할 수 있다. 상사들도 메모를 잘하고 지시 사항을 잘 기억하는 사람을 신뢰한다. 나를 지키기 위한 작업이니 오늘부터 메모하는 습관을 들여보자.

6

누구에게 보고해야 할지
헷갈린다면

업무 중심 잡기

"제가 동네북인가요? 저 진짜 어떻게 해야 할지 모르겠어요. 상사들의 스타일이 다 너무 다른 거예요. 팀장님은 빨리 경우의 수를 파악해서 해결책까지 정리해오기를 원하고, 사수인 이 과장은 "야, 편하게 해. 이 정도까지만 하면 돼"라면서 어느 정도 적당한 선까지만 보고하기를 바라고, 팀장님 말을 듣자니 이 과장이 싫어하고, 이 과장 말대로 하면 매번 팀장님한테 깨져요. 맨날 저만 욕먹어요. 이젠 누구 말이 맞는 건지도 잘 모르겠어요."

어느 장단에 맞춰 춤춰야 할까?

    회사생활을 처음 할 때 누구나 겪을 수 있는 상황이다. 회사에는 정말 다양한 스타일의 상사가 있다. 예전에는 어느 정도 일하는 방식이 일률화되어 있었지만, 이제는 개인의 스타일을 존중하는 문화로 바뀌고 있다 보니 일을 정말 빨리 하는 사람, 느리게 하는 사람, 깊은 수준까지 파고들어가는 사람, 얇고 넓게 하는 사람, 문제가 생기면 일단 싸우는 사람, 대화하자고 하는 사람 등 모든 유형의 인간들이 모여 있는 것처럼 느껴진다.

    개인적으로 다양성이 존중되는 좋은 기업 문화가 됐다고 생각하지만, 신입사원이나 주니어 직원 입장에서는 어느 장단에 맞춰서 행동해야 하는지 고민되기 시작한다. 어떤 상사의 스타일을 배우는 것이 좋을지도 고민될 것이다. 상사들은 하나같이 성격이 급해서 빨리 장단에 맞춰야 할 것 같은데, 이 전쟁터에서 살아남으려면 어떻게 해야 할까?

업무 중심을 잡는다는 것은

최근 나에게 고민을 털어놓은 후배는 2년 차 신입사원 재민이였다. 성실하고 열심히 일하는 재민이인데, 이야기를 들어보니 모든 프로젝트의 자질구레한 업무가 막내라는 이유로 그에게 가고 있었다. 김 과장이 "이거 진짜 정리만 하면 되는 건데, 빨리 해줄 수 있죠?"라고 하면, 최 차장이 와서는 "이거 진짜 간단한 리서치인데, 이것 좀 해줄래요?"라고 말하고, 이 부장이 와서는 "이거 상무님이 시키신 건데, 내가 한 거 검토만 좀 해줄래요? 오타 체크도 좀 해주고"라면서 일을 주고 간다. 간단한 일들이지만, 일이 소복소복 쌓여 번번이 주말까지 일해야 하고, 조금씩 돕다 보니 그의 노력이나 성과는 정작 아무도 알지 못하는 것 같다.

'신입이니 그럴 수 있지'라며 마음을 다잡던 재민이가 폭발한 이유는 일이 아닌 선배들의 각기 다른 잔소리 때문이다. 그의 속도 모르고 김 과장은 "시킨 일을 빨리 처리해서 넘겨줘야지. 왜 이렇게 느려"라며 기껏 일해서 보내줬더니 짜증을 냈고, 최 차장은 "내 일은 그냥 시간 되면 해달라는 말이었지. 굳이 주말까지 하라는 말은 아니었는데, 사람 미련하게"라며 얄밉게 발을 뺐다. 심지어 이 부장은 김 상무에게 "얘는 간단한 거 시켰는데도 못하더라"라며 안 좋은 평가를 전달하기도 했다. 누구보다 열심히 일했던 재민이는 순식간에 '일 못하고 느린 직원'으로 낙인찍혔다.

나에게 일을 주는 상사들이 많은 상황일수록 스스로 중심을 잡지 않으면 끌려다니기 십상이다. 아무리 상사에게 지시받은 일일지라도 그 일이 내게 주어진 이상 그 일의 주인은 나고, 회사에서의 업무 시간도 내가 주인이다. 그렇다면 업무 중심 잡기는 어떻게 하는 것일까?

첫째, 내 스타일을 상사에게 전달해야 한다. 가장 먼저 스스로가 자기의 스타일을 정확히 파악해야 한다. 내가 일을 느리게 하는 사람인지, 잘하는 일의 종류는 무엇인지, 일할 때 루틴은 있는지, 특정 업무는 스스로 판단했을 때 어느 정도 시간이 걸릴지 등 나를 알아야 다른 사람들과 일하기도 편하다. 그리고 내 스타일을 센스 있게 상대방에게 전달하면 된다.

내가 재민이와 직접 일하면서 느낀 건 그는 리서치를 할 때 다양한 관점으로 볼 줄 알아서 참신한 아이디어들이 많다는 장점이 있었다. 영어에 일본어까지 가능해서 더 좋은 정보들이 나왔다. 다만, 결과물들을 논리적으로 정리하는 스킬은 부족했다. 이런 장단점을 봤을 때 그는 정리에 너무 많은 시간을 쏟지 말고, 적당한 수준으로 상사에게 빨리 전달하여 어떻게 정리할지를 배우는 편이 좋다. 솔직하게 상사에게 "제가 여기까지 정리해봤는데요. 정리가 많이 부족한 것 같아 피드백을 한 번 받고 수정하겠습니다"라고 말하는 편이 혼자 끙끙대며 앓는 것보다 낫다.

또한 예상 소요 시간을 상사에게 이야기하는 습관을 들여야 한다. 빠르고 성격 급한 김 과장에게는 "이 업무는 대략 3시간 정도 걸릴 것 같은데, 제가 지금 급하게 처리해야 하는 업무 마무리하고 바로 시작하면 오후 5시쯤 보여드릴 수 있을 것 같습니다. 그렇게 해도 될까요?"라고 사전에 커뮤니케이션해두면 좋다. 최 차장에게는 "제가 보니까 차장님이 주신 일은 3시간 정도 걸릴 것 같은데요. 지금은 상무님이 시키신 업무를 오늘 퇴근 전까지 드리기로 해서 차장님 일을 내일 오전에 해도 될까요? 많이 급하신 거면 상무님께 말씀드려 조율이 필요할까요?"라고 물어볼 수도 있다. 그러면 최 차장은 "아, 그런 거면 됐어요. 난 지금 일이 없는 줄 알고 이야기한 거지. 그냥 내가 할게요"라고 할 수도 있다.

내가 언제부터 일해서 언제까지 결과물을 제출할 수 있을지를 전달하면, 상대방도 쓸데없이 기다리지 않는다. 간단한 건데 굳이 일일이 다 말해야 하나 생각할 수도 있지만, 의외로 상사들은 개별 업무 하나하나에 시간과 의미를 부여하며 내 보고를 기다린다. 상사가 나에 대해 예측 가능하게 하는 것, 그것이 오히려 '내 중심을 잡는 방법'이다.

이렇게 먼저 내 스타일을 중심에 두고 부족한 부분에 대해 상사의 업무 방식과 노하우를 배워가면 된다. 평생 그 상사의 후배일리 없고, 그 회사에 평생 있지도 않을 테니, 얼른 배워서 나만의 스타일을 만들어가는 것이 좋다. 그래야 어딜 가든, 누구와 일을 하든 효율적으로 업무 중심 잡기를 할 수 있다.

둘째, 가급적 업무를 받고 보고하는 라인을 통일한다. 이는 말처럼 쉬운 일은 아니다. 회사 분위기나 팀 구조에 따라 누구에게도 말 못하고 혼자 끙끙 앓을 수도 있다. 하지만 여러 사람들의 일을 남몰래(?) 조금씩 도와주는 사람의 결말은 항상 번아웃 되기 마련이다. 나의 노력의 총량과 결과에 대해 이야기해줄 수 있는 누군가가 필요하다. 컨설팅 회사의 경우 프로젝트 매니저PM가 될 수 있고, 일반 기업의 경우 팀장이 되어야 한다.

예를 들어, 여러 상사가 동시에 업무를 주는 상황이 되면 개별적으로 상사들과 커뮤니케이션하겠지만, 팀장에게 보고해 업무를 조정하거나 업무를 받는 구도를 조정할 필요가 있다. 그래야 내가 하고 있는 일의 속도를 조절할 수 있고, 내가 어떤 일들을 하고 있는지, 어떤 것이 고충인지 팀장이 알 수 있다. 좋은 상사라면 불필요한 업무는 직접 잘라주기도 한다.

적응, 서로 맞춰가는 과정

같이 일하는 상사들이 많으면 내 스타일대로 중심을 잡고 일하기가 쉽지 않다. 나 역시 임원들이 가득한 TF Task Force 팀에서 앞의 2가지가 마음처럼 되지 않아 힘들었던 경험이 있다. 그렇지만 나의 커리어를 위해 끊임없이 내 스타일을 찾으면서 부족한 부분을 메워가고, 덜 스트레스 받기 위해 내 업무 방식과 속도를 주변에 알리며 보고라인을 잡아가다 보면 자연스럽게 일하는 구도가 안정화되어 갈 것이다.

조직에서는 중심을 잡아가는 과정을 '적응'이라고 부른다. 내 스타일을 주변 동료와 상사에게 인지시키고, 나도 회사나 상사의 스타일에 조금씩 맞춰가는 과정을 의미한다. 내가 중심이 잡히지 않으면 다른 사람들의 닦달과 짜증에 흔들리고 넘어질 수밖에 없다. 또한 내 중심 잡기는 나뿐만 아니라 나를 둘러싼 모든 이해관계자의 스트레스를 줄이고 마음의 평안을 가져다준다.

적응에는 절대적인 시간이 필요하다. 짧게는 한 달 또는 석 달, 길게는 여섯 달까지 걸리기도 한다. 그러니 너무 조바심 내지 말기를 바란다. 주니어나 신입사원 때가 아니더라도 이직해서 새로운 조직에 가거나 새로운 프로젝트를 만났을 때, 새로운 팀에 배정받았을 때도 중심을 잡아가는 과정은 늘 필요하니 말이다.

내가 하고 싶은 말
다 하면서 일하려면

1

보고할 땐
무조건 결론부터 고

두괄식 보고

오랜만에 친구와 요즘 핫하다는 신상 카페를 찾았다. 우리는 음료를 한 잔씩 시켰고, 친구는 허기진다면서 스콘을 하나 추가했다. 배가 고팠는지 그날따라 친구는 스콘을 매우 맛있게 먹었다. 그 모습을 보니 나도 하나 시킬까 싶어 친구에게 물었다. "야, 그거 맛있어?" 친구는 이렇게 답했다.

"이 스콘에는 초콜릿과 견과류가 가득 들어 있거든. 내가 베이킹을 좀 알잖아. 내가 봤을 때 여기에는 차가운 버터가 들어간 것 같아. 전에 수업에서 배웠는데, 스콘 만들 때 차가운 버터를 넣으면 기본 작업이 잘 된다고 그러더라고. 그리고 초콜릿과 견과류가 생각보다 많이 들어간 것 같아. 초콜릿이 막 씹히는 건 아닌데, 향이 엄청 강해. 초콜릿을 잘라서 넣은 게 아닌가 싶기도 하고…"

"야, 그래서 맛있냐고!!!!!"

우리가 두괄식으로 말하지 못하는 이유

회사에서는 스콘과 같은 상황이 종종 벌어진다. 상사가 "재연 씨, 내가 전에 지시한 행사 연락은 다 돌렸나요?"라고 물으니 재연 씨가 아주 프로페셔널하게 대답한다.

재연: 상무님, 제가 그 건 관련해서 전임자인 김 과장에게 문의해봤습니다. 김 과장이 작년에 행사할 때도 에이전시랑 사전에 커뮤니케이션하고 연락을 돌렸다고 했습니다. 그래서 에이전시에 연락했더니 담당자가 퇴사했다는 답변을 받았습니다. 그래서…

상무: 그래서 연락을 했다는 거예요?

재연: 아, 그게 아니라, 아직 에이전시에서…

상무: 안 했다는 거예요?

재연: 네, 아직 다 못했습니다. 오늘 연락 돌리겠습니다.

분명 첫 시작은 그럴듯했는데 결국 아무것도 못 했다는 답변이다. 사실 이 글을 쓰고 있는 나도 별반 다르지 않다. 언제나 머리로는 두괄식 보고를 해야 한다는 것을 잘 알고 있고 가급적 두괄식으로 말하려고 하지만, 항상 그렇게 되지는 않는다. 정작 상사가 묻는 것에 답하지 못하고 '줄줄' 과정을 읊고 있는 나 자신을 자주 보게 된다. 어쩌겠는가, 나도 인간이라 뇌와 입이 잘 제어되지 않는 것을.

왜 우리는 두괄식으로 말해야 한다는 것을 알면서도 두괄식으로 절대 말하지 못하는 걸까? 첫째, 실무자에게는 일하는 과정도 결과이기 때문이고, 둘째, 나의 피땀눈물을 상사가 알아줬으면 하는 마음이 앞서기 때문이다.

일을 지시받고 그다음부터 진행하는 일련의 과정들, 즉 고민하고, 김 과장에게 물어보고, 자료를 찾고, 에이전시에 전화한 그 모든 과정이 상사가 지시한 일을 한 내 노력이다. 하지만 상사들은 그냥 연락을 돌리면 된다고 생각하기에 그 일이 그렇게 간단한 것이 아니며, 여러 고민과 과정을 거쳐야 한다는 것을 잘 모른다. 상사의 관심은 오직 결과뿐이다. 그들은 바쁘고, 또 바빠 죽겠으니 일단 결과부터 듣길 원한다(회사에서 팀장 이상 급들의 공통된 패턴이다). 반대로 실무자는 일을 안 한 것도 아니고, 능력이 없어서 못 한 것도 아니고, 단지 이렇게 복잡한 과정이 필요하기에 '지금 하고 있는 것입니다'라고 이야기하는 것이다.

잠깐 딴 길로 새면, 상사들이 공통으로 걸리는 병에는 자기도 실무자 때는 과정 중심으로 말했으면서 팀장이 되면 결과만 들으려고 하는 '개구리 올챙이 적 생각 못하는 병'과 실무자의 말을 곧이곧대로 듣지 않고 자기 머릿속 구조대로 결론을 해체한 후 재조립하는 '내 맘대로 해석 병'이 있다. 나 역시 팀장이 된 후 팀원들과 커뮤니케이션할 때 이런 습관을 버리려고 노력하지만, 어쩔 수 없긴 하다.

재미있는 것은 팀장이 아니더라도 일상생활에서 질문자가 되면 이러한 패턴을 보인다는 것이다. 스콘 대화를 기억하는가. 맛있냐고 묻는 내 말에 스콘에 들어가는 재료부터 베이킹 과정까지 일장 연설을 늘어놓는 친구를 보면, 첫째, 왜 이러지 싶고, 둘째, 열 받고, 셋째, 나를 일부러 놀리는 건가 싶다. "아, 그래? 음, 그렇구나"라고 리액션하면서도 머릿속으로는 '그래서 맛있어? 그래서 맛있다고 말하는 건가. 음, 그래서 맛있냐고!!!'라며 결론 중심으로 끊임없이 생각한다.

만날 수 없는 평행선을 그리듯 '실무자는 과정부터, 상사는 결과부터'만 생각하는 이 관계가 과연 공존할 수 있을까?

본질은 묻는 말에 정확히 답하는 것

수많은 일 잘하는 법과 말 잘하는 법 책에서 공통으로 말하는 두괄식 보고의 본질은 '묻는 말에 정확히 답하는 것'이다. "했어?"라고 물어보면 "했습니다" 또는 "아직 못 했습니다"라고 답하면 되고, "결과 어때?"라고 물어보면 "좋습니다" 또는 "안 좋게 나왔습니다"라고 말하면 된다.

그런데 너무 간단하게 대답하는 바람에 표현되지 않아 마치 공기 중으로 증발할 것만 같은 내 피땀눈물은 어떻게 어필해야 하는 걸까? 일단 간단히 결과부터 말하고 과정을 추가로 설명하는 게 좋다. 결과부터 말하면 듣는 사람 입장에서는 답을 들었기 때문에 다음 설명을 들을 준비가 된다. 결과를 말해주지 않고 빙빙 돌리면 상사는 오히려 설명은 하나도 안 듣고 '그래서 했다는 건가, 안 했다는 건가' 하는 질문만 머릿속에 맴돌게 된다.

이보다 복잡한 내용의 보고는 어떨까? 묻고 답하는 본질은 똑같다. "최 대리, 그때 내가 말했던 개정 법령 내용 찾아봤나요? 같이 좀 봅시다"라고 상사가 물었을 때 일 잘하는 최 대리는 이렇게 말한다. "개정 법령의 주요 내용을 3가지로 정리했습니다. (3가지를 간단히 설명) 자세한 내용은 뒷부분에 별첨으로 넣었습니다. 여기서 우리 업계의 쟁점은 아래 3가지 정도일 것 같습니다. 이에 대해 법무법인은 어떻게 생각할까 궁금하여 질의도 해두었으니 답변 오면 다시 한번 보고드리겠습니다." 참으로 깔끔한 답변이다.

보고할 때는 결론부터 말하고, 그 결론이 나오게 된 근거는 뒷부분에 추가 설명해야 한다. 아무리 보고서가 결론1-근거1, 결론2-근거2, 결론3-근거3으로 정리됐다고 하더라도, 말로 전달할 때는 결론부터 말해야 한다. 팁을 하나 주자면 숫자를 사용해 상대방이 내가 몇 가지를 말할지 예상하게 하면 더 좋다.

> *"결론은 총 3가지로 정리했는데요,*
>
> *첫째… 둘째… 셋째… 입니다."*

만일 일을 다 못했다면, ① 나의 현재 진행 상황을 말하고, ② 아직 다 못했음을 정확히 전달함과 동시에, ③ 언제까지 보고드리면 좋을지를 물어봐야 한다. 이를 대입한 답변을 보자.

- 일을 하는 중이라면
  → "상무님, 제가 지금 법령 주요 내용을 정리하는 중인데 아직 마무리를 다 못했습니다. 오늘 퇴근 전에는 마무리될 것 같은데, 그때 다시 보고드릴까요?"
- 일을 시작조차 못 했다면(지금까지 한 것이라도 보자고 할 수 있으니 거짓말은 안 하는 것이 좋다)

→ "상무님, 제가 A 보고서 업무를 얼른 마치고 하려고 해서 아직 개정
법 정리를 시작 못 했습니다. 순서를 바꿔 그 일부터 먼저 하면 내
일 오전까지는 보여드릴 수 있을 것 같습니다. 그렇게 할까요?"

그러면 상무님은 "아, 괜찮아요. A 보고서부터 하고 나서 개정
법은 그다음에 해서 보고해줘요." 정말 급한 경우에는 "그렇군요.
미안하지만, 개정법은 내가 내일 오후에 갑자기 생긴 다른 회의에
서 참고하려고 하니 그거 먼저 해줄 수 있을까?"라고 이야기할 것
이다.

일잘러들이 말하는 법을 관찰해보면 대부분 두괄식 보고를 한
다. 듣는 사람이 편한 방식으로 말하지 않으면 금방 딴생각을 하거
나 답답함을 느낀다는 것을 잘 알고 있기 때문이다. 스콘 대화처럼
일상생활에서도 그러한데 세상 바쁜 상사들은 오죽하겠는가.

회사 커뮤니케이션의 기본은 '상사가 궁금해하는 것을 도장 깨
기 하듯 하나씩 풀어주는 것'이다. 상대방의 마음을 꿰뚫어 볼수록
커뮤니케이션은 쉬워진다. 나만의 팁은 '어떤 말을 하든 상대방 머
릿속에 어떤 물음표가 있을지를 상상해가면서 커뮤니케이션하는
것'이다. 상사가 "이거 다 했나?"라고 한다면 "다 했습니다(또는 다
못했습니다)"라고 결론부터 이야기하고, 그다음에 '그럼 결과가 어
떻게 나왔는지'가 궁금할 테니 이를 간단히 이야기해주면 된다. 그

러면 상사는 '그 결과가 나온 이유'가 궁금할 테니 근거 자료 설명을 이어서 하면 된다. 마치 전략 게임 하듯 상사의 머릿속을 상상해 보면 다 맞추지는 못하더라도 상당 부분 아이템을 획득하고 퀘스트를 성공시킬 확률이 높아진다.

2

상사가 내 말을
잘 듣게 하려면

상사가 원하는 키워드

상사들은 대체 무슨 생각을 하고 있는 걸까?

지금 머릿속에는 뭐가 있을까?

직장인이라면 한 번쯤 생각해봤을 것이다. 상사에게 보고할 때면 내 말을 듣고 있는지 잘 모르겠다. 그럴 때마다 "저기요, 내 말 듣고 있나요?"라고 묻고 싶지만, 나는 오늘도 가식적인 웃음으로 정적을 버텨낸다. 여기서는 상사들이 무슨 생각을 하고 있는지, 그들의

나, 누구랑 얘기하니?

뇌구조를 살펴보겠다.

상사는 우리가 말하는 동안 혼자만의 게임을 시작한다. 다음은 송 과장이 고객 설문조사 결과VoC: Voice of Customer에 대해 김 상무에게 보고하고 있는 상황이다. 이 대화를 보면 상사가 왜 그렇게 늘 피곤해하는지, 내 말을 귓등으로 듣는 것 같은지 알 수 있다.

송 과장: 상무님, VoC 결과를 말씀드리겠습니다. 먼저, 고객들이 우리가 새로 출시한 앱이 사용하기 좀 어렵다고 이야기한 것들이 있었고요, 이 건만 한 100건 정도의 답변이 있었습니다. 기능이 사용하기 어렵다, 어떻게 사용하는지 모르겠다는 의견들이었습니다.

김 상무: (기능적인 어려움이라고? 우리가 설계한 기능이 진짜 어려운 걸까? 꽤 쉽게 설계했고, 테스트했을 때도 별 이야기 없었는데… 그렇다면 앱 기능에 대한 매뉴얼 자료가 좀 어렵게 만들어진 걸까? 별도로 쉬운 교육 같은 것을 추가해야 하나?)

송 과장: 그다음으로는 결제 시스템에 대한 의견도 50건 정도 있었는데요. 간편 결제 오류가 나는 경우가 꽤 있었고, 꼭 그게 아니더라도 결제가 불편하다는 의견이었습니다.

김 상무: 그런데 예전에 간편 결제 에러 났던 건 즉시 조치하지 않았나?

송 과장: 맞습니다. 그렇긴 한데 이후에도 몇 번 더 에러가 있었습니다.

김 상무: (간편 결제 에러는 일시적인 것이 아니었군. 결제 관련하여 전반적으로 기술팀과 함께 점검이 필요할 수도 있겠어.)

송 과장: 또, 앱 디자인이 촌스럽다는 답변도 5건 정도 있었는데, 이 건은 몇 건 안 되긴 합니다.

김 상무: (안 듣고 있음)

송 과장: 참, 고객센터 연결이 잘 안 된다는 답변도 있었습니다. 3건이긴 한데, 이 내용은 이번 VoC 말고 이전에 고객센터에서도 이런 의견을 받았다고 이야기하긴 했습니다.

김 상무: (고객센터 쪽은 고객 관리 차원에서 중요한데… 반드시 원인 확인이 필요하겠군.)

송 과장: 이상입니다.

김 상무는 송 과장의 짧은 3분 보고 시간 동안 10가지도 넘는 생각을 하고 있다. 어떤 책에서는 이 시대의 상사들을 '후천성 주의력 결핍증'이라고 말하기도 하는데, 이 말은 맞기도 하고 틀리기도 하다. 상사들은 보고를 들으면서 동시에 즉시 문제를 파악하고 이후 과제를 생각해내느라 보고를 선별적으로 듣기 때문이다.

상사의 시점을 획득하라

내가 상사라면?

상사는 왜 VoC를 보고해달라고 했을까? 고객 의견을 바탕으로 서비스의 문제를 찾고 그에 따른 개선 사항을 찾아가기 위해서일 것이다. 내가 VoC 내용을 보고할 때, 상사는 머릿속으로 끊임없이 문제와 개선 사항을 찾아가고 있다. 때문에 내 말에 집중하게 만들려면 그 내용을 정리해서 함께 보고하면 된다. 상사가 100번 머리 굴릴 것을 10번만 굴리도록 도와주는 것이다. 여기서는 이를 '시점 획득하기'라고 하겠다. 상대방의 시점을 획득하면 상대가 원하는 바가 무엇인지 파악할 수 있게 되고 그에 맞춰 제안해주면 상대방의 고민이 단계적으로 해결된다.

상대방의 시점을 획득한 대표적인 사례로는 평창 동계올림픽을 꼽을 수 있다. 우리나라는 평창 동계올림픽 유치를 두 차례 실패하고, 세 번째 만에 성공했다. 앞선 두 번의 도전 실패 요인에 대해 전문가들은 '국제올림픽위원회IOC 심사위원들의 시점을 제대로 간파하지 못했기 때문'이라고 해석했다. 당시 우리나라가 어필한 메인 메시지는 '올림픽이 남북 평화를 증진시킬 수 있다'였다고 한다. IOC 입장에서는 남북 평화에 큰 관심이 없으니 우리나라의 메시지가 매력적이지 않을 수밖에.

세 번째 시도에는 IOC가 원하는 것이 무엇인지를 연구한 끝에 '평창=새로운 아시아 시장 개척', 즉 '새로운 지평'이라는 테마를 도출해낼 수 있었다. 세계의 새로운 유산을 만들고 싶어했던 IOC의 시점을 간파해내어 평창은 동계올림픽 주최지로 선정될 수 있었다. 이렇게 상대방의 시점을 획득하는 일은 상대를 설득할 때 가장 중요하다.

핵심 키워드로 말하라

아무리 좋은 내용의 보고라도 듣는 사람에게 잘 전달되지 않으면 실패한 보고가 된다. 긴 보고를 마쳤는데, 상사가 "그래서 우리 뭐 해야 하지?"라고 말했다면, 보고 내용이 잘 전달되지 않았다는 방증이다. 나는 업무 내용을 보고할 때는 반드시 키워드에 밑줄 치고, 유사한 키워드들끼리 그루핑해서 정리한다. 비대면 회의의 경우 집중력이 쉽게 떨어지므로 핵심 키워드로 정리하여 보고하면 도움이 많이 된다. 키워드가 얼마나 잘 전달되느냐는 보고의 성패를 결정하는 핵심 요소다.

송 과장의 보고 내용을 키워드 중심으로 다시 정리해보자.

- **기능적 관점:** 앱 사용자가 기능에 어려움을 느낌(VoC 약 100건) → 앱 매뉴얼 쉽게 수정 필요, 별도로 기능에 대한 맞춤형 교육 동영상 필요 여부 검토
- **결제 시스템 연동 관점:** 간편 결제 등 에러가 많고, 결제가 직관적이지 않아 사용자가 불편을 느낌(VoC 약 50건) → 시스템 에러는 기술팀과 재검토 필요, 결제창에 '자주 하는 질문' 삽입 검토
- **고객관리 관점:** 고객센터 연결이 잘 안 된다는 의견 있음 → 고객센터 부서와 재확인 및 논의 필요
- **기타:** 디자인에 대한 의견(예: 촌스러움, 정신없음 등) 등

보고할 때 정리한 키워드를 하나씩 읽어가면서 부연 설명을 하면 된다. 구구절절한 긴 문장보다 임팩트 있는 한 단어가 기억하기 쉽고, 듣는 사람의 집중력을 높여준다. 혹시 상사가 내 보고 내용을 잘 듣지 않거나, 보고가 지겨운지 하품을 쩍쩍하거나, '무슨 말하는지 모르겠다'고 한다면, 이 2가지를 해보자. '시점 획득하기와 핵심 키워드로 말하기'. 그러면 상사는 내 말을 조금 더 듣기 위해 귀를 열 것이다.

3

상사를 집중시키는
단 한 가지 방법

더 높은 사람의 말을 인용하라

"야, 우리 부장 알지? 내가 보고할 때마다 눈 뜨고 졸거든. 전에는 진짜 옆으로 넘어가는 줄 알았어. 근데 어제는 졸다가 갑자기 눈을 번쩍 뜨는 거야. 왜 그랬는지 알아? 내가 지나가는 말로 "전무님도 이 프로젝트를 관심 있게 보신다고 하더라고요" 그랬거든. 전.무.님. 그 세 글자에 3년간 졸던 사람이 눈을 번쩍 뜨는 거 있지. 진짜 웃기지 않냐?"

친구 수민이와의 커피 타임은 언제나 즐겁다. 오늘도 수민이는

직장 상사의 욕을 빼놓지 않는다. 웃자고 한 말이지만, 수민이의 말에는 큰 시사점이 있다. 엄청 바쁜 상사도, 아무리 의욕 없는 상사도 자신의 상사의 말에는 귀신같이 반응한다는 것이다.

상사의 상사, 그의 말을 빌리자

내가 '청자 집중시키기' 연습을 시작한 것은 바야흐로 주니어 컨설턴트였을 때부터다. 나는 정말 열심히 준비한 작업의 결과물인데, 고객이며 상사며 도통 내 말을 들어주지 않았다. 지금 생각해보니,

이제 막 2년 차, 3년 차 컨설턴트니 그들이 '네, 컨설턴트님, 당신의 귀한 경험과 조언 주셔서 감사합니다' 하면서 나의 의견을 경청하는 것도 이상했을 것 같다.

고객 앞에서 경쟁사 변화관리 사례를 발표했을 때였다. 경쟁사에 근무하는 지인을 인터뷰하여 얻어낸 소중한 정보였다. "최근에 변화관리 프로젝트를 했던 경쟁사 A 그룹에서 변화를 겪어내는 과정은 저희가 생각하는 것과 유사한 패턴입니다. 초기에 변화에 대해 강하고 저항하는 그룹이 있고, 변화를 잘 수용해내는 우수 변화자 그룹이 있습니다. (중략) 최근 트렌드는 저항 그룹에 대해 패널티를 주는 것보다는 우수 변화자를 활용하여 우수 사례를 전파하면서 자연스럽게 변화시키는 인센티브 방식을 조직에서 선호하고 있습니다." 그런데 "아니, 그걸 누가 몰라. 에이, 뭐 있을 줄 알았는데, 별거 없네"라며 다들 고개를 절레절레 저었다.

대체 그들은 누구의 말이라고 하면 껌뻑 죽을까?

냉정하게 생각해보면, 고객은 주니어 컨설턴트인 내 의견보다는 본인이 궁금해하는 경쟁사 또는 선진사에서 이 문제를 먼저 해결해봤던 사람의 의견이 궁금할 것이다. 회의에 참석한 우리 팀 PM은 어떨까? 당연히 내 의견보다는 고객의 의견에 빛의 속도로 반응한다. 그렇다면 그들이 무서워하는(?) 또는 지대한 관심을 갖고 있는 사람의 말을 인용해보자. 똑같은 말, 다른 표현이다.

"A 그룹 변화관리 사례를 말씀드리겠습니다. 최근 A 그룹에 변화관리 프로젝트 핵심 멤버로 참여했던 한 분을 인터뷰한 결과입니다. A 그룹 역시 변화를 겪어내는 과정은 다르지 않았습니다. 저항 그룹이 있고, 우수 변화자 그룹이 있었습니다. 그런데 인터뷰한 핵심 멤버의 말에 따르면 "그동안 수많은 변화관리에 실패했지만, 우수 변화자 그룹을 활용하는 것이 결국은 성공의 핵심이었다"라고 했습니다. 구체적인 방안으로는…"

고객들은 기가 막히게 집중한다. 내 말은 씨도 안 먹히더니, A 그룹 변화관리 핵심 멤버의 말이라고 하니 바로 집중하는 심리라니. 조금 서글프긴 하겠지만 어쩔 수 없다. 내부 보고를 할 때도 마찬가지다. 상사는 주니어의 말을 잘 안 들어준다. 그럴 경우 상사의 상사(예, 대표)를 소환하면 된다.

"전무님, 여기까지가 변화관리 사례를 분석한 결과입니다. 한 가지 첨언드릴 것은 지난번 대표님 보고 때 대표님께서 말씀해주셨던 코멘트 기억하세요? "조직의 인재들을 전문가로 키울 수 있는 방법이라면 뭐든 가져오세요"라고 말씀하셨는데, 그 부분과 일맥상통한 것 같습니다."

상사들은 '대표님 말씀'이라는 키워드에 센서라도 달린 것처럼 정신을 번쩍 차린다. "아, 그러고 보니 그렇군. 좋은 생각이야. 그러면 구체적인 실행 방안을 조금만 더 정리해봐요. 한번 보고를 드릴 만하겠네. 수고했어요." 씁쓸하지만 사실이다. 높은 분들의 말을 인용하기 위해서는 높은 분들이 참석하는 회의의 회의록을 직접 정리해보는 것이 좋다. 가급적 회의록을 직접 쓰고, 잘 저장해두었다가 유사한 일을 하게 될 때 다시 꺼내어 정독해보자. 일을 시작하기 전에 찾아보고, 일이 어느 정도 끝나갈 때쯤 다시 한번 찾아보면 좋다. '상사의 상사가 이렇게 말씀하셨다'는 것은 나의 주장을 뒷받침하는 가장 큰 힘이 된다.

나의 보고가 상사의 성공으로 이어지도록

'칵테일 파티 효과cocktail party effect'라는 심리학 용어가 있다. 칵테일 파티와 같은 큰 소음 속에 있어도 필요한 정보가 들리면 바로 알아채는 현상을 말한다. 정보 선택과 집중은 회사라는 정글에서 상사들이 살아남는 방법일지도 모르겠다.

상사의 상사, 고객의 상사, 고객의 경쟁사 사람의 말을 인용하는 것은 내 말에 청자가 집중하도록 하는 강력한 힘이 된다. 실제로 효과 10,000%의 커뮤니케이션 전략이다. 그러니 상사든 고객이든 내 말에 집중하게 만들고 싶으면 '이거 좀 될 것 같은데?'라는 생각이 들도록 해주면 된다. 그들도 결국에는 내가 한 보고 내용을 본인의 언어로 바꿔 그들의 상사에게 보고하는 것이므로 그들의 상사가 그런 말을 했다는 이야기를 들으면 당연히 내 말에 더 집중할 수밖에 없다. 만약 그가 칭찬을 받으면 내 보고가 성공적이었다는 의미가 된다. 일잘러들은 이렇게 모두를 성공시키는 커뮤니케이션을 한다.

MZ세대의
유체이탈 화법에 대하여

커뮤니케이션 잘하는 법

얼마 전 팀장을 맡고 있는 친한 지인이 최근 나타난 기이한(?) 현상에 관해 이야기했다. "내가 요즘 후배들하고 회의할 때 조금 이상하다고 생각한 게 있는데, 자꾸 본인이 한 일에 대해 제3자인 것처럼 말을 하더라고. 내가 볼 때는 그냥 계산이 틀린 것 같은데, '엑셀 수식이 이상하다'고 하거나 '오타가 생긴 것 같다'고 하는 거야. 처음에는 그게 무슨 말인지 몰랐어. 컴퓨터의 기능적인 문제가 있다는 건가, 아니면 영어식 수동 표현인가 라고 생각했지. 그런데 이게 반복되니까 그냥 그 사람의 말투인가 싶더라고. 그냥 '실수했어요'라고 하면 될 걸 왜 그렇게 말할까? 혼날까 봐 그런 건가? 아무튼 좀 신기했어."

그 이야기를 들은지 며칠 되지 않아 또 다른 지인에게서 비슷한 이야기를 들었다. 시스템에 A 사원이 잘못 입력한 데이터가 있었는데, A는 자꾸만 "시스템이 잘못된 것 같습니다"라고 말했다는 것이다. 결국 그는 "네가 잘못 입력한 걸 왜 시스템을 탓해"라며 후배를 나무랐다고 했다.

나도 가만히 생각해보니 본인이 작성한 것을 보고 '앗, 왜 이렇게 적혀 있지?'라든지, '계산이 잘못됐어요'라는 말을 많이 들었던 것 같다. 가끔 나도 상사에게 그런 식으로 대답했던 것 같기도 하다. 이쯤 되니 이 현상은 많은 사람들이 겪고 있는 흔한 일일지도 모른다.

유체이탈 화법을 쓰는 사람들의 심리적 이유

많은 사람들이 겪고 있는 현상이라고 해서 포털사이트에 검색해보니(나온다!) 주로 정치인들이 쓰는 화법으로 '유체이탈 화법'이라고 한다. 뜻은 다음과 같다.

유체이탈 화법: 자신이나 자신과 관련된 이야기를 마치 혼이 빠져나간 사람처럼 남 이야기하듯 말하는 방식으로, 듣는 상대방을 유체이탈 시키는 화법이 아니라 말하는 사람이 자신과는 아무 상관없는 이야기인 양 자신과 관련된 이야기를 하는 화법(출처: 나무위키)

아직 일반인에 관한 연구나 기사는 없어서 과학적인 원인에 대해 고증할 수는 없지만, 사람들이 왜 유체이탈 화법을 쓰는지, 내가 이런 표현을 썼을 때의 상황을 생각하며 나의 잠재의식을 한번 들여다보기로 했다.

첫째, 무의식적인 책임 회피가 있는 것 같다. 특히 내 잘못이 지적되는 순간이나 내 생각과 다른 상황에 직면했을 때 잠재의식 속에서 혼잣말이 나온다. '(분명 나는 제대로 한 것 같은데) 이게 왜 이렇게 됐지'라고 말이다. 또한 우리는 회사의 주인이 아니므로 '제가 모든 것을 책임지겠습니다'라고 할 필요가 없고, 누구나 실수는 하므로 굳이 '제 잘못입니다'라고 머리를 조아릴 필요도 없다고 생각한다.

둘째, 업무 실수에 대해 '그렇게 큰일은 아니다'라고 생각한다. 회사 일이라는 것이 뭐 그리 대단한 일이라고 실수 하나에 '잘못했다'고 말을 해야 하는 걸까. 그냥 수정하면 되지. 그렇게 큰일도 아닌데 그냥 좀 넘어가자는 생각도 있는 것 같다.

셋째, 현대인들의 자존감이 높아진 것도 그 이유 중 하나이지 않을까 싶다. 현대인들이라니, 무슨 꼰대스러운 말인가 싶지만, 요즘은 모두가 각자의 기준에서 최선을 다한다(남들의 기준에서는 최선이 아닐지라도). 나는 분명 노력했는데, 실수가 나온 것이다. '아, 이건 내가 한 게 아닐 거야.' 일단 현실 부정을 하면서 그 이유를 고민하는 중에 입에서는 '잘못 입력된 것 같아요'와 같은 유체이탈 화법이 나오는 것이다.

무엇보다 요즘 세대는 과거와 달리 '제가 잘못했습니다'라는 표현을 잘 쓰지 않는다. 나 역시 회사생활을 하는 내내 그랬다. 그렇다 보니 내가 실수한 행동에 대해 딱히 설명할 표현이 없다. 이런 이유에서 수동형으로 나타난 것이 현대의 '유체이탈 화법'이 아닌가 싶다.

나 역시 유체이탈 화법을 전혀 안 쓴다고 말할 수 없는 미생으로서 이를 간절히 옹호하고 싶지만, 회사생활을 잘하기 위해서는 유체이탈 화법을 자제하고 표현을 바꿔보는 것을 제안한다. 상사가 볼 때 유체이탈 화법은 담당자의 책임회피 같이 들리며, 나의 단순 실수인지, 외부적인 요인인지 원인을 불분명하게 만들어 정확한 문제해결을 어렵게 한다. 이는 빠른 의사결정을 어렵게 만드는 요인이 된다.

우리가 오해하면 안 되는 것은 상사들은 직원들의 '잘못했습니다'라는 반성을 듣고 싶은 것이 아니라는 것이다. 그들은 직원들이 명확히 문제를 인지했고, 다음부터 같은 실수를 하지 않겠다는 의지를 듣고 싶은 것이며, 상호 정확한 문제 파악이 됐으니 문제를 해결하는 방향을 빨리 찾고자 하는 것이다. 이런 측면에서 직원이 잘못의 원인을 모르는 듯한 유체이탈 화법을 쓰면 상사는 문제 부분을 지적해 그 부분을 깨닫게 해주려고 한다. 이 과정에서 서로 기분이 상하게 되는 악순환이 나타나는 것이다.

유체이탈 화법을 탈피하는 법

그렇다고 해서 정말 하기 싫은데, '늬예늬예, 잘못했사옵니다'라고 해야 하는 걸까? 절대 아니다. "제 업무에 실수가 있었으니 수정하겠습니다." 이 말 하나면 끝난다. 그냥 "팀장님 말씀이 맞습니다. 수정하겠습니다"라고 하면 된다. 아주 간단하다. 한 번쯤 스스로 자각하고 해보는 것이 필요하다.

- 내가 실수한 경우: 수동 표현을 능동으로
- → (만든 자료의 데이터가 틀렸다면) 계산이 잘못된 것 같습니다. (×)
- → 계산 과정에 실수가 있었습니다. 얼른 수정하도록 하겠습니다. (○)
- → (팀장이 넣어달라고 했던 내용을 깜빡하고 보고서에 누락했다면) 그 부분이 누락된 것 같습니다. (×)
- → 제가 누락했네요. 얼른 반영해오겠습니다. (○)
- 나의 생각과 의견을 말할 때: '~같습니다' 대신 '~습니다'로
- → ("오늘 회의 좋았나?"라며 의견을 물을 때) 좋았던 것 같습니다. (×)
- → 네, 좋았습니다. 특히 시장 상황을 알게 됐다는 점이 좋았습니다. (○)
- → ("해당 업무는 확인했나?"라며 업무를 체크할 때) 확인했던 것 같습니다. (×)
- → 네, 확인했습니다. 다만, 가격 측면이 조금 마음에 걸려서 다시 한 번 거래처에 전화해서 확인 후 말씀드리겠습니다. (○)

업무 실수는 누구나 한다. 회사도 이를 잘 알고 있기 때문에 상사가 있고, 그 위에 또 다른 상사가 있으며, 그 위에 또 다른 책임자가 있는 등 수직적인 체계를 갖춰놓은 것이다. 그러므로 모든 책임을 내가 다 질 필요는 없다. 그저 프로페셔널한 직장인으로서 내가 할 수 있는 만큼 최선을 다하고, 실수가 있다면 재빨리 인지하고 시정하면 된다. 그리고 다음부터는 그 실수가 다시 발생하지 않도록 노력하면 된다.

5

어느 타이밍에, 누구에게 질문해야 할까

적절하게 질문하는 법

일을 하다 보면 누군가에게 물어보고 싶은 절실한 순간들이 오기 마련이다(생각보다 매우 자주 찾아온다). 마케팅 자료를 찾다 보면 A, B, C 고객까지만 고려하면 되는지, 더 많은 잠재 고객까지 고려해야 하는지 궁금하다. 엑셀 데이터를 정리하면 로우 데이터raw data만 정리해서 제출하면 충분한 건지, 조금이라도 해석을 붙여서 제출하는 게 일반적인 업무 방식인 건지 모르겠다. 계약 관련 업무를 진행할 때는 또 어떤가. 거래처와 이 정도 협상은 내 선에서 정리하면 되는 건지, 이것까지 보고를 먼저 해야 하는 건지 헷갈린다.

왜 회사는 어떻게 질문해야 하는지 아무도 알려주지 않는 걸까? 궁금해서 '회사 질문법'에 관한 책이 있는지 찾아봤지만, 회사에서 잘 질문하고 기적적으로 답을 찾아내는 방법을 알려주는 책은 없었다.

나비처럼 날아 벌처럼 질문하라

"선배, 일할 때 누구한테 물어봐야 할지 잘 모르겠어요.
일 처리하는 것보다 이게 더 어려워요."

최근에 후배들과 이야기를 나눌 때 가장 많이 들었던 질문이다. 회사에서 일을 하다 보면 내 선에서 어디까지 결론지으면 될지, 어떻게 행동하는 것이 '일반적인 건지' 정말 사소한 것부터 질문이 꼬리에 꼬리를 문다. 하지만 이런 부분까지 답을 알려주는 업무 매뉴얼은 어디에도 존재하지 않는다.

팀장에게 묻자니 '네가 좀 생각해서 해야지, 여기가 학교냐'라는 핀잔만 돌아올 것 같고, 이 일과 관련 없는 옆자리 선배에게 묻자니 민폐인 것 같다. A 선배한테 물어볼까 싶었는데, 건너편에 앉아 있는 B 선배가 서운해하려나 싶기도 하다. 가장 편한 동기한테 물을

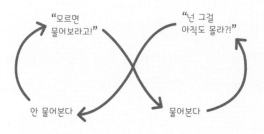

"모르면
물어보라고!"

"넌 그걸
아직도 몰라?!"

안 물어본다

물어본다

질문을 해야 하는 건지, 하지 말아야 하는 건지, 우리는 오늘도 이 굴레를 벗어나지 못하고 있다.

까 고민했지만, '아, 얘나 나나 똑같은 미생인데, 뭘 알겠나' 싶다.

정 대리는 누구에게 질문할지 애매하여 결국 혼자 일을 했다. 그랬더니 팀장으로부터 "답답하다, 답답해! 모르면 좀 물어봐요. 제발 좀 물어보세요"라는 답을 듣고 말았다. 인사담당자 한상아 저자가 쓴 《낀 팀장의 일센스》에서는 이런 상황을 '직장인의 뫼비우스의 띠'라고 표현했다. 이 뫼비우스의 띠에서 벗어나고 싶다면, 누구에게 어떻게 질문해야 하는지를 알면 된다. 일과 관련된 질문은 업무 지시자(팀장), 그 일을 해본 선배, (그 일을 안 해봤지만) 일 잘하는 선배/동기 순이 가장 이상적이다.

첫째, 일을 지시한 사람에게 직접 묻는 것이 가장 좋은 방법이다. 전임자가 있고 그동안 일을 해왔던 방식이 있을 수 있지만, 그 일을 맡은 시점에 팀장이 생각하는 또 다른 결과물이나 방향이 있을 수도 있다. 그러므로 무조건 일을 지시한 사람에게 물어야 한다. 하지만 팀장급이나 그 이상 직급인 업무 지시자들은 바쁘거나 주로 자리에 없는 경우가 많으므로 다음의 질문 방식을 참고하자.

일단, 핵심적인 질문 몇 개만 추려서 물어야 한다. 그리고 내 대안이나 생각을 가지고 '이게 맞을까요?' 또는 '저는 이렇게 생각했는데, 혹시 다른 의견 있으실까요?' 하는 식으로 질문해야지 '이거 어떤 방식으로 해야 하나요?'와 같은 질문은 좋지 않다. 그러면 팀장은 여지없이 이렇게 말할 것이다. "그걸 고민하라고 일을 준 건데, 왜 나한테 다시 물어보지? 나보고 본인 대신 일하라는 건가? 아니면 다 가르쳐달라는 건가? 여기가 학교야?"

팀장에게 질문할 때 이보다 중요한 건 질문 타이밍이다. 질문 타이밍을 잡는 방법은 팀장이 자리에 있고 다른 회의가 없는 것을 확인한 뒤 "팀장님, 그때 주신 업무에 대해 딱 5분만 시간 내어주실 수 있을까요? 제가 몇 가지만 여쭤볼 게 있어서요." 이렇게 딱 5분만 요청한다. 너무 길게 팀장을 잡고 있지 말라는 것이다. 길어지면 그다음부터 팀장이 당신의 질문을 피할지도 모른다.

둘째, 그 일을 해본 선배다. 만약 질문할 수 없을 정도로 팀장이 매우 바쁘거나 악덕 팀장이라 질문을 받아주지 않는 경우라면 고개를 들고 팀 선배들을 스캔해보자. 전임자가 누구였는지 잘 모르겠으면 옆자리 선배에게 물어보자. "선배, 제가 이번에 이 일을 맡았는데, 이거 해보신 분이 있는지 아세요? 궁금한 거 몇 가지만 물어보려고요."

그 일을 해본 선배를 찾았다면, 선배에게 질문하는 방식은 팀장에게 질문하는 방식과는 좀 달라야 한다. 선배는 이 일에 대한 책임이 하나도 없고 자기 일이 아니라고 생각할 수 있기 때문이다. 일단, 핵심 질문들을 몇 개 추려서 가지고 가는 것은 동일하다. 여기에 대화를 시작할 때 이 일을 맡고 보니 느낀 어려움을 이야기하면서 그걸 잘해온 선배에 대한 대단함을 표현해주는 것이 좋다. "과장님, 제가 이 자료 정리 업무를 맡았는데, 진짜 어렵더라고요. 예전에 과장님이 하셨다고 들었는데, 그때 어떻게 하셨어요? 대단하세요. 저 몇 가지만 좀 여쭤봐도 될까요? 과장님 경험이나 노하우만 조금 알려주시면 진짜 큰 도움이 될 것 같아요." 그러면 김 과장은 걸려들 것이다.

팁 하나를 더 이야기하면 김 과장에게 도움을 받은 후에 추후 일의 결과물을 팀장에게 보고할 때 김 과장이 도와줬다는 것을 이야기해주는 것이 좋다. 그와 공을 공유하라는 의미도 있지만, 그보다는 내가 준비한 일의 결과에 대해 공신력을 높여주는 의미가 되기도 한다(물론 김 과장이 팀장에게 찍혔다거나 부서에서 일 못하는 사람으로 소문난 경우에는 굳이 언급하지 않는 편이 좋다).

셋째, 물어볼 팀장도, 전임자 선배도 없는 혈혈단신 신세라면 일 잘하는 선배나 동기에게 물어봐야 한다. 그들은 일하는 방식을 잘 알고 있기 때문에 어떤 일이든 처리하는 방법을 제시해줄 수 있다. 또한 혼자 고민하는 것보다 참고할 만한 의견이라도 얻는 게 좋다.

그 일을 해본 적 없는 일잘러에게 물어보는 질문 방식도 앞의 두 경우와는 조금 다르다. 그들은 내가 맡은 일에 대해 아는 것이 없고, 우리 팀 분위기나 팀장 스타일도 모르므로 최대한 팀장의 업무 지시 내용을 자세히 전달하고 업무 배경도 설명해야 한다. 팀장 스타일에 대해서도 알려주면 좋다. 그리고 나서 '내가 이런 상황인데, 너라면 어떻게 할 것 같아?' 하는 방식으로 물어보자.

나: (업무 지시 내용 및 배경, 팀장 스타일을 설명한 후) 내가 지금 전무님이 지시한 안건으로 보고서를 써야 하는데, 순서를 어떻게 해야 할지 모르겠어. 그냥 나 혼자 써도 되는 건지, 아니면 영향이 있을 만한 유관부서 의견을 좀 들어야 하는 건지. 유관부서 의견을 듣는 건 팀장님이 지시하신 건 아닌데, 과거 자료들을 찾아보니 그런 내용이 있기도 하고. 내 생각에는 유관부서 의견을 넣는 게 좋을 것 같은데 너라면 어떻게 하겠어?

일잘러: 들어보니 네 생각이 맞는 것 같아. 나라면 팀장님한테 한번 물어볼 것 같아. 네가 찾은 과거 자료를 가지고 가서 고민이 너무 많이

되어서 팀장님 의견 한번 듣고 싶었다고 잘 이야기하면 되지 않을까? 그런데 너희 팀장님 깐깐하다고 했지? 그러면 초안을 만들어가되, 그 부분만 비워서 가는 걸 추천해. 아무것도 없이 가서 질문만 하면 싫어할 수도 있거든.

단, 일 잘하는 사람들의 일하는 방식은 신뢰할 만하지만, 그렇다고 해도 내가 맡은 업무에 대해 정확히 아는 것은 아니므로 그들의 말은 참고 정도만 하고 스스로 판단해야 한다.

혼자 해서 욕먹지 말고 무조건 물어보라

누구에게 질문해야 하는지, 어떻게 질문해야 하는지는 회사생활 10년 이상 된 사람들도 어려워하는 문제다. 연차 20년 이상인 임원들도 사장에게 어떻게 질문해야 하는지 늘 고민한다. 그렇지만 분명한 것은 잘 모르겠을 때는 혼자 해서 욕먹고 스트레스 받는 것보다는 누구에게라도 물어보는 것이 결과물에는 훨씬 도움이 된다는 것이다. 이래도 욕먹을 수 있고 저래도 욕먹을 수 있으니, 물어보고 욕먹는 것이 조금이라도 낫다는 것이 나의 지론이다.

한때 내가 무슨 말을 해도 지적부터 하고 반대하던 상사가 있었다. 그날도 어김없이 내 결과물에 대해 흥분하면서 부정적인 피드백부터 하기 시작했다. "왜 이렇게 했어. 전임자인 A 이사에게 물어보지 그랬어"라고 하길래 "저도 어떻게 해야 하나 애매해서 A 이사와 이야기했는데, A 이사가 이런 방향으로 해왔었다고 해서 이렇게 정리했습니다"라고 했더니 그는 "아, 그래? 그래도 내 생각에는 이건 아닌데…"라며 약간 꼬리를 내리는 것 같았다(물론 이런 상사는 내가 잘해가도 뭐라고 할 사람이긴 하다). 질문의 마법은 단순히 답이나 방향을 알아내는 것 말고도 내 일의 결과에 힘을 실어준다는 의미도 있다.

6

어떻게 해야
몰라도 욕은 안 먹을까

'모르겠습니다'를 현명하게 말하는 법

회사에서 일하다 보면 '정말 모르겠는' 순간은 의외로 자주 찾아온다. 새로운 일을 맡게 됐을 때 전임자로부터 듣지 못한 내용이 나오면 아주 당황스럽다. 옆 부서에서 또는 고객이 전화로 다짜고짜 묻는 내용에 대해 이렇게 하나도 모르겠는 내 상황이 과연 정상인 걸까 싶다. 오늘도 '모르겠습니다를 현명하게 말하는 법'을 검색해보지만 답은 나오지 않는다.

어느 날 후배 한나가 답답하다는 듯이 나에게 물었다. "선배, 제가 전임자 인수인계를 거의 못 받고 업무를 시작하게 됐잖아요. 옆 부서나 고객들이 자꾸 전화로 질문하는데 미치겠어요. 한두 개 몰라야 모르겠다고 하지, 이건 뭐 다 모르겠는 거죠. 심지어 팀장도 제가 인수인계 못 받은 거 뻔히 알면서 저한테 자꾸 물어봐요. 모르겠다고 말할 수도 없고 안 할 수도 없고. 정말 미치겠어요. 이럴 때 선배는 어떻게 하세요?"

회사에서는 '모르겠습니다'라는 말을 꺼내기 어렵다. 모르겠다는 말은 자칫 책임감이 없게 들리기도 하고, 상대방이 나를 무시하지는 않을까 걱정도 되고, 매번 '잠시만요' 하고 옆자리 선임에게 묻자니 민폐인 것 같은 마음도 든다. 그렇다고 해서 모르는 것을 안다고 대답할 수도 없는 노릇이다.

회사생활을 하면서 '모르겠는' 순간들이 많은 것은 당연하다. 모든 일을 친절하게 설명해주는 선배도 없고, 나를 위한 맞춤형 매뉴얼도 존재하지 않는다. 키워드 검색만 하면 안 나오는 게 없는 빅데이터 시대라는데, 정작 내가 원하는 정보는 없다. 남들은 진짜 다 알고 일하는 걸까?

'모르겠는' 순간의 3가지 해결법

일을 잘하는 사람들도 '모르겠는' 순간에 직면한다. 그들이라고 해서 언제나 모르는 것 하나 없이 어떠한 질문에도 전부 대답할 수 있는 건 아니다. 다만, 그들은 모를 때 어떻게 대응해야 하는지 잘 알고 있다. 일잘러들은 '모르겠는' 순간에 어떻게 말을 하고 답을 찾아갈까?

누가 나에게 질문했을 때 '모르겠습니다'를 표현하는 방법에는 여러 가지가 있지만, 절대 하지 말아야 할 것은 명확하다. 첫째, '아…, 저…' 등 머뭇거리는 말, 둘째, '모르는데요'라고 딱 잘라 하는 말, 셋째, '제가 처음 와서요' 또는 '전임자한테 인수인계를 못 받아서요'와 같은 핑계의 말이 대표적이다.

내가 누군가에게 전화해서 무언가를 물어봤는데, 상대가 위와 같이 답을 했다고 생각해보자. 상대도 당황했겠지만, 그런 말을 듣는 나는 불안해진다. 추후에 맞는 답변을 해주더라도 그 답변에 신뢰가 가지 않는다. '그 팀은 왜 잘 모르는 담당자를 배정했지'라는 생각이 든다. 만약 제대로 답변하지 못했다는 것을 상사가 알게 되면 '왜 우리 팀을 깎아내리게 만드냐'며 화를 낼 수도 있다. 모른다고 했다가 팀장이나 임원한테 욕을 먹었던 전례가 한 번이라도 있었다면, 아마 이러한 이유에서였을 것이다.

물론 '모른다'고 솔직히 말해야 할 때도 있다. 다만, 질문자도 답변자도 불안하지 않도록 조금만 더 현명하게 대응해보자. 내가 얼마나 그 내용을 모르는지에 따라 '모르겠습니다'를 표현하는 방법은 달라진다.

다음 예시를 통해 좀 더 자세히 살펴보자.

첫째, 부분적으로라도 알고 있다면 최대한 아는 내용까지 대답하자. 질문에 대한 전체 답을 모르는 게 아니라면, 일단 아는 만큼 대답해주는 게 좋다. "제가 알고 있기로는 이 이슈는 ABC 시스템 오류 때문에 나타나는 경우입니다. 그런데 왜 이런 오류가 나타나는지는 팀에 확인해서 말씀드리겠습니다. 불편하시겠지만 조금만 기다려주시면 얼른 확인해서 다시 전화드리겠습니다."

뭐라도 답은 했으니 질문한 사람의 궁금증이 조금은 해소됐을 테고, 확인하는 데 시간이 조금 걸릴 수 있다는 점도 이해했을 것이며, 질문에 최선을 다해 답해주려는 모습처럼 느껴졌을 것이다. 내 입장에서도 완전히 바보가 되지는 않으면서 답을 찾을 수 있는 시간이 생긴 것이다. 자, 시간도 벌었으니 이제는 자료들을 찾아보거나 주변에 물어보면 된다.

여기서 주의할 점은 부연설명을 너무 길게 하면 상대방의 짜증을 유발할 수 있다는 것이다. 정확한 답이 아닌 주변 내용을 설명하는 말은 적당한 길이여야 한다. 이는 말만 길게 했지 듣는 사람 입장에서는 결국 '다시 연락드리겠습니다'이기 때문이다.

둘째, 질문을 이해만 했고 답을 전혀 모르겠다면 모른다고 솔직하게 답하는 것도 괜찮다. 이런 경우라면 후속 조치가 중요하다.

"네, 문제를 잘 이해했습니다. 죄송하지만, 그 부분은 다른 시스템과의 연계 부분에 대한 확인이 필요하여 정확히 확인한 후에 다시 연락드려도 괜찮을까요?" 듣는 사람은 아무 답도 받지 못했으니 짜증 날 수 있지만, 당황하지 말자. 한 번 더 확인해서 정확한 답을 주는 것이 미숙하게 대응하는 것보다 결과적으로 100배 낫다. 단, 바로 조언을 구하여 최대한 빨리 회신해야 한다.

셋째, 도저히 무슨 말인지 모르겠다면 천천히 다시 물어 질문의 배경과 요지를 정확히 파악해야 한다. 정말 가끔은 상대방이 무슨 말을 하는지, 이걸 갑자기 왜 나한테 묻는지조차 알 수 없는 상황이 오기도 한다. 그럴 때 가장 좋은 방법은 상대방의 말을 '그대로 받아 적는 것'이다. 그래야 질문을 잘못 전달하는 불상사를 피할 수 있다.

"정말 죄송하지만, 말씀해주신 내용을 들어보니, 제가 팀에 전달하여 확인하고 회신드리는 것이 맞는 것 같습니다. 문의한 부분이 A와 B가 동시에 발생한 것이 문제라는 말씀이시죠? 이런 상황이 평소에는 한 번도 없으셨다는 것이고요? 아, ABC 시스템과 연관이 있는 게 아닌지 의심스럽다고 생각하셨다는 거죠? 네, 잘 알겠습니다. 최대한 빨리 확인해서 회신드리겠습니다."

상대방의 말을 그대로 따라 해서라도 질문을 정확히 받아 적어야 한다. 질문이 정확히 전달만 된다면 누군가는 답을 줄 수 있을 것이다. 만약 상사가 열심히 설명해줬는데 그의 말도 이해가 안 된다면 상사에게 직접 답변해줄 것을 부탁해보자.

'모르겠습니다'로 복리 효과 내기

'모르겠다는 말을 잘하는 법'의 핵심은 내가 답을 찾는 동안 상대방이 안심할 수 있도록 최초 대응을 잘해야 한다는 것이다. 이는 답을 찾아 다시 연락할 때 나의 답변이 신뢰를 얻을 수 있도록 하는 작업이기도 하다. 현명하게 대응하여 시간을 번 후에는 (최대한) 정확한 답을 찾아 답변하면 된다. 그리고 몰랐던 내용에 대해 다시 답을 못하는 일이 없도록 나만의 메모장에 기록해두고 공부하면 된다.

내가 해당 내용을 모른다는 것 때문에 상대방을 불안하게 하지 않으면서, 동시에 내가 몰랐던 업무 내용을 익힐 수 있으며, 답을 찾아 상대방에게 회신하는 과정에서 신뢰도 조금씩 쌓을 수 있으니, 1석 3조의 효과를 만들어내는 방법이 아닐까.

내 노력이 헛수고가
되지 않으려면

1

일의 핵심은
복사, 붙여넣기

익숙한 포맷의 힘

영우는 선배로부터 'A 사업장 리스크 검토 보고서'를 써오라는 지시를 받았다. "이런 일을 해본 적이 없어서 잘 모르겠다"고 선배에게 말해봤지만, 선배는 "적당히 한번 해봐요. 신입사원이 다 처음인 건 당연하지"라며 일단 해보라고 했다. 저 악마, 내가 한두 번 겪어보는 줄 아나. 처음에만 좋게 이야기하고 막상 해가면 '이게 뭐냐, 눈으로 본 거 맞냐, 머리로 생각한 거 맞냐'면서 방방 뛸 것이다. 결국 영우는 일 잘하는 동기 효정이에게 상담을 요청했다.

"일하는 거 쉬워, 참고자료 찾고,

그걸 복사 붙여넣기 한다고 생각하면 돼."

아… 역시 효정이에게 묻는 게 아니었다. 기분만 나쁘고 얻은 건 없었다. 공부 잘하는 애들이 예습 복습만 잘하면 된다고 하는 것과 같은 답변이었다. 분명 팁을 안 알려주려고 숨기는 것이 분명하다.

참고자료(레퍼런스) 활용법

나는 일을 받으면 초반에 참고자료를 찾고 읽어내는 데 생각보다 많은 시간을 할애한다. 일을 할 때 뭐라도 조금이라도 알아야 감을 찾는 스타일이라 이럴 때는 마음을 비우고 참고자료를 보는 데 2~3시간 이상을 할애한다.

누군가 참고자료가 꼭 필요하냐고 묻는다면, 나는 절대적으로 필요하다고 답한다. 여기에서 참고자료는 단순한 신문기사나 보고서 등의 참고가 되는 자료를 말하는 것이 아니라, 내가 지시받은 일과 유사한 과거 산출물을 의미한다. 그 이유는 효정이가 말한 것처럼 '복사 붙여넣기'를 하기 위해서다. '복사 붙여넣기라고?!' 생각하는 사람들을 위해 조금 더 설명하자면, 샘플이 되는 자료와 내용의 구성과 구조를 비슷하게 만들기 위함이고, 그에 따라 어떻게 일해야 하는지, 무엇을 조사하고 어떻게 정리해야 하는지를 알 수 있기 때문이다.

나는 업무 지시를 받으면 항상 업무 지시자에게 물어본다. "혹시 제가 참고할 만한 자료가 있을까요? 조금이라도 참고할 수 있는 자료가 있으면, 좀 더 정확하게 일할 수 있을 것 같습니다." 그러면 대부분의 업무 지시자들은 "우리 회사 시스템 어디에 들어가서 ○○자료를 참고해보세요"라고 하거나, "손 과장에게 한번 물어봐요. 예전에 그 일을 해봤으니"라고 말해줄 것이다. 혹시라도 "그런 것까지 알려줘야 하나. 본인이 생각해서 해봐요"라고 말하는 상사가 있다면 걱정하지 않아도 된다. 자료는 찾으면 된다.

예전에는 회사 문서가 개인 PC나 외장하드에 저장되어 있어서 참고자료를 찾는 것이 쉽지 않았다. 그래서 팀장이나 꼰대 상사들은 참고자료 찾기의 중요성을 모르는 경우가 많고, 일을 지시할 때 먼저 자료를 주는 것이 습관화되어 있지 않다. 하지만 요즘은 어떤 시대인가. 대부분의 자료들이 회사 클라우드에 올라가 있으므로 검색해보면 된다.

그렇다면 어떤 참고자료를 찾아야 할까? 먼저, 내가 받은 업무와 주제나 목적이 비슷한 자료를 찾으면 된다. 'A 사업장 리스크 검토 보고서'를 써보라고 했으니 '리스크 검토'라는 키워드로 검색해보자. 비슷한 다른 사업장 리스크 검토 보고서가 있다면 가장 좋고, 그게 아니라면 특정 사업에 대한 전반적인 리스크 검토 보고서라도 찾아서 공부해야 한다. 리스크 검토라는 것이 어떤 항목의 리스크들을 검토하는 것인지, 어떤 순서와 구조로 보고서를 썼는지, 결론은 어떤 식으로 내는 건지 등을 살펴보자. 비슷한 주제나 목적의 자료가 없다면 구성이라도 비슷한 자료를 찾는다. 리스크 검토가 아니더라도 '사업 타당성 검토 보고서' 내의 '리스크' 부분을 참고해보는 것이 좋다. 이가 없으면 잇몸이라도, 비슷한 것을 찾아보는 것이다. 그리고 절대 놓치지 말아야 할 것은 업무 지시자(여기서는 선배)가 쓴 자료, 또는 팀에서 일 잘하는 사람이 쓴 자료다. 팀 내에서 어떤 스타일의 보고서가 잘 쓴 보고서로 평가받는지 알 수 있다. 그들이 어떤 구성과 흐름으로 자료를 작성하는지 꼼꼼하게 분석해보자.

참고자료 공부가 끝났으면, 그다음은 그것을 어떻게 내 자료에 녹여내는가다. 이때는 따라 할 수 있는 부분과 없는 부분을 명확히 구분해야 한다. 예를 들어, 자료의 구성과 검토 포인트는 따라 할 수 있는 부분이라면 내용은 스스로 써야만 한다. B 사업장의 리스크 검토 보고서를 참고한다고 가정하자. 전체 보고서의 얼개가 1. 사업장 개요, 2. 예상 리스크 검토 결과, 3. 대응 방안 등으로 구성되어 있다. 이 얼개는 그대로 유지한다. 사업장 리스크 검토에 공통으로 적용되는 리스크 검토 항목도 그대로 활용할 수 있다. 재무적 측면의 리스크, 사업관리 측면의 리스크, 분양 리스크 등이다. 검토 항목에 따라 내가 맡은 A 사업장의 리스크 검토를 하고, A 사업장의 리스크 검토 결과를 적어 넣는다. 재무적 측면의 리스크에서 차입금이 있는 B 사업장과 달리 A 사업장은 당사 차입금이 없으므로 차입금 항목은 삭제한다. 이런 방식으로 참고자료를 활용하되 A 사업장에 맞게 재구성하면 된다.

참고자료가 중요한 이유

영우는 지푸라기라도 잡는 심정으로 효정 씨의 조언을 듣고 참고자료를 뒤지기 시작했다. 그런데 '사업장 리스크 검토 보고서'를 써야 하는데, '신사업 리스크 검토 보고서'를 참고해 복사 붙여넣기를 했고, 사업장 리스크 검토 시 필요하지 않은 온갖 BEP Break-even-point (손익분기점)를 요상한 숫자로 적어놓았다. 자료를 검토한 팀장은 화가 머리끝까지 났고, 효정 씨가 말한 대로 참고자료를 정말 열심히 찾아서 공부한 영우의 노력은 고대로 쓰레기통으로 들어갔다. 결국 그 일은 효정이에게 갔다. 참고자료를 활용할 때는 잘못된 참고자료를 찾지 않도록 주의해야 한다.

한 회사에서 또는 한 부서에서는 보이지 않는 일하는 방식, 즉 정해진 보고서나 자료의 형식이 존재한다. 재미있는 것은 그것을 아무도 알려주지 않고, 때로는 '그게 정답이 아니야'라고 말하기도 하고, 강요하지도 않는다는 것이다. 그런데 일잘러들은 그 방식을 학습해 따르고, 정답이 아니라고 말하던 임원들은 그걸 보고 좋아한다. 새로운 걸 시도해보라고 해서 새로운 형태의 자료를 구성해가면 상사는 이렇게 말할 것이다. "민주 씨는 참 크리에이티브해!" 이거, 칭찬이 아니라 욕 맞다.

참고자료를 봐야 하는 이유는 회사에서 또는 부서에서 익숙한 포맷과 구성을 찾기 위함이고, 이것은 분명히 힘이 있다. 내가 그 회사에 입사하기 훨씬 전부터 꽤 오랜 시간 동안 회사 내에 존재해왔고, 임원들이나 회사 사람들 모두가 이해하기에 가장 좋은 구성과 형태로 작성되어왔다. 회사의 암묵지다. 겉으로 드러나지 않지만, 학습과 경험을 통해 사람들에게 체화되어 있는 것이다. 내 마음에 들지 않더라도 새로운 일을 받은 초반에는 그 익숙함을 따라 해보는 것이 가장 좋은 방법이다.

나는 새로운 프로젝트를 시작할 때마다 가장 먼저 상사가 했던 프로젝트 보고서를 찾아본다. 그가 생각하는 잘 쓴 보고서가 무엇인지 일일이 뜯어보기 위함이다. 주제 문장을 쓰는 방식부터 내용의 흐름, 어떤 모양의 차트를 좋아하고 어떤 색깔을 좋아하는지까지 최대한 똑같이 따라 한다. 그러면 비슷한 결과를 자료화하더라도 상사가 익숙한 형태로 작성한 내 자료와 본인만의 스타일로 작성한 동료의 자료는 늘 다른 평가를 받았다. 상사는 내 보고서를 훨씬 집중해서 봤고 잘 이해했지만, 동료의 보고서는 번번이 까이기 십상이었다.

사람은 변화에 늘 저항하기 마련이고, 내가 알던 것과 다른 어떤 형태에 직면하면 일단 의심부터 하기 시작한다. 상사도 똑같다. 익숙한 자료 패턴과 다른 패턴의 자료를 보면 '뭔가 좀 이상한데'라는 생각부터 든다. 그러나 내용 구성이나 결론을 내는 방식 등이 평소에 보던 자료와 비슷하고 익숙하면, 일단 마음이 편하고 내용을 따라가기 쉬워 이해도 쉽다. 설사 내용이 조금 부족하더라도 포맷이 익숙하면 중간은 가는 것이다.

"유레카!" 고대 그리스 수학자이자 물리학자인 아르키메데스가 목욕하다 욕조에서 넘치는 물을 보며 왕관에 섞인 금과 은의 비율을 알아내는 원리는 찾아낸 것처럼, 일잘러라면 왠지 천재적이고 창조적으로 답을 도출해서 경영진을 놀라게 해줄 것으로 생각한다. 물론 그런 천재 유형의 일잘러가 있겠지만, 꽤 많은 일잘러들은 조직의 방식을 빠르게 학습하고, 그것을 자기화하는 역량이 더 뛰어나다. 보기에는 단순 복사 붙여넣기를 하는 것 같지만, 이를 통해 취할 것과 버릴 것을 빠르게 판단하고 그것을 자기화하여 '내 자료'로 녹여낸다. 그렇게 경력이 쌓이고 직급이 올라가면 복사 붙여넣기의 비중은 적어지고, 이를 자기화한 자신만의 스타일이 갖게 되는 것이다.

2

저기,
방향성 좀 주시면 안 될까요

상사의 방향을 찾아내는 꿀팁

비효율, 삽질, 노비

다소 과격해 보이는 이 3가지 단어는 대한상공회의소에서 발표한
'국내 기업 업무 방식 실태보고서'에서 한국의 기업을 생각했을 때
가장 먼저 떠오르는 키워드였다. 조사에서 국내 기업이 최하점을
받은 항목은 '업무 방향성'이었는데, 업무 목적과 전략이 분명한지
아닌지가 질문이었다.

너도 모르지? 방.향.성.

나는 그 조사 결과를 흥미롭게 본지라, 이를 가지고 주변 동료들에게 설문해보았다. 가장 싫은 상사의 유형은 무엇일까? 1위는 바로 '방향성 없는 상사'였다. 당시 2위가 인신공격하는 상사였는데, 인신공격보다 더 나쁜 것이 방향성을 안 주는 상사구나 싶어서 적잖은 충격을 받았던 것이 기억난다.

왜 상사들은 업무 방향을 알려주지 않을까

내가 주니어였을 때 '상사들은 왜 정확한 업무 방향을 주지 않을까'에 대해 늘 궁금했다. 상사가 원하는 것을 조금만 더 자세히 설명해주면, 나도 덜 고민하고 일도 훨씬 빠르고 쉬워질 텐데, 때론 원망스럽기도 했다. 그렇게 방향성을 받지 않은 채로 상사나 팀장, 또는 고객이 무엇을 원하는지, 수많은 가능성을 상상해가며 초안 잡는 것을 몇 년간 반복하다 보니, 나는 소위 회사에서 말하는 '슈퍼주니어'로 성장했다. 삽질하다 보니 이제 어디를 파야 하는지, 어느 정도 파야 하는지 정도는 알게 된 느낌이랄까.

많이 배울 수 있었지만, 독학은 언제나 힘든 길이기에 '방향성'이라는 것에 항상 목말랐고, 아쉬웠다. 그래서였을까, 매니저가 되어 후배와 일하게 됐을 때, 나는 정말 자세한 가이드라인을 줬다. 어쩌면 아주 강박적으로 정확한 방향을 제시했는지도 모른다. 내 머릿속의 그림을 산출물 수준으로 구체화해서 종이에 그려줬으니,

내가 원하는 산출물이 빠르게 나왔고, 후배들도 쉽게 일할 수 있어 만족해했다. 나는 마치 아주 유능한 선배가 된 것만 같았다.

그러나 직급이 올라갈수록 한계에 부딪혔다. 이런 나의 방향과 방식을 빠르게 캐치하고 본인의 것으로 만드는 소수의 일잘러들은 나와 함께 일하면서 기대 이상으로 성장했지만, 다수의 후배들은 내 방식에 익숙해져서 산출물에 대해 고민하지 않는 현상이 발생한 것이다. '어차피 내가 먼저 생각해도, 네 머릿속 그림이 다 있잖아. 빨리 내놔' 하고 입 벌리고 기다리는 아기새들처럼 그들의 성장은 비자발적으로(?) 멈춰버렸다. 더군다나 직급이 올라갈수록 내가 커버해야 할 일들이 많아지면서 그들에게 예전처럼 일일이 그림을 그려줄 시간이 없었다.

결국 나는 방식을 바꿨다. 나와 처음 합을 맞추는 후배들에게는 자세한 가이드라인과 설명을 주지만, 몇 차례 일을 해본 후배들에게는 정말 큰 방향과 콘셉트 정도만 설명하고 초안을 맡긴다. 팀장을 맡고 나서는 아주 급한 업무를 제외하고는 후배의 초안을 먼저 보고, 내 머릿속을 구체화하기 시작했다.

핑계라고 생각할 수도 있지만, 상사나 임원들은 너-무 바쁘다. 나도 한때 '저 임원은 도대체 뭐하지? 나 같으면 이거 좀 같이 고민해주겠다'라고 생각했다. 하지만 상사는 우리가 생각하는 것보다 훨씬 많은 일을 하고 있다(물론 그렇지 않은 상사도 있다). 오늘도 대표나 경영진으로부터 어려운 숙제와 고민을 받았을 테고, 그사이에 수많은 의사결정과 조율 작업을 하느라 분 단위로 쪼개 일하고 있을 것이다. 때문에 그들은 직원들 업무의 큰 그림을 이야기해주고 나면, 얼른 또 다른 업무의 큰 그림을 잡으러 가야만 한다. 내 업무에 대한 세부 그림을 고민하고 그려줄 시간이 없다.

방향성을 안 준다면, 상사의 머릿속 그림을 찾아라

그렇다면 어떻게 해야 할까? 상사가 바쁘다고 해서 포기해야 할까? 먹이를 주지 않으면 스스로 먹이를 찾아나서야 한다. 안 그러면 굶어 죽는다. 일단 방향성에 대한 3가지 상사 유형을 살펴보자. 첫째, 머릿속에 방향성은 있는데 굳이 말 안 하는 유형, 둘째, 아직

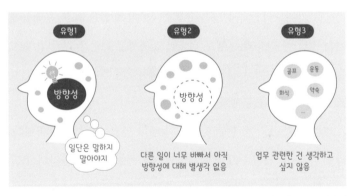

방향성에 대한 상사 유형에는 있어도 말하지 않는 상사, 질문을 통해 생각의 폭을 넓혀나가는 상사, 아무것도 안 하고 있지만 더 격렬하게 아무것도 안 하고 싶어하는 상사가 있다.

구체적인 방향성은 없지만 생각을 시작하면 방향성을 생각해내는 유형, 마지막으로 정말 방향성도 없고, 생각하려고도 하지 않는 유형이다. 보통 앞 2개 유형인 경우가 많다. 머릿속에는 어느 정도 방향이나 그림은 있다. 아직 생각을 시작하지 않았을 뿐이다. 만약 세 번째 유형의 상사가 당신의 상사라면, 미안하지만 그에게서 배울 것은 없어 보인다(똥 밟았다고 생각해라).

자, 이제 유형을 파악했다면 먹이를 찾아나가보자.

첫째, 상사의 머릿속 그림을 찾기 위해서는 무조건 초안을 빨리 잡아서 가야 한다. 여기서 핵심은 '빨리'인데, 내가 보통 정의하는 '빨리'는 이 일을 하는 전체 시간의 앞부분 20~30%에 해당하는 시간이다. 예를 들어, 월요일부터 금요일까지 일주일 동안 하는 일이라면, 월요일이 끝나는 시간 또는 늦어도 화요일 오전까지가 초안을 검토받을 가장 좋은 타이밍이다.

그다음은 초안인데, 초안은 구성적인 부분과 내용적인 부분을 모두 의미한다. ODA(무상원조) 사업 성과관리를 조사해오라는 상사의 지시에 대해 어떻게 초안을 잡고, 보고해야 할지 한번 알아보자. 처음 받았을 때는 도대체 국내 중심으로 봐야 하는지, 해외 중심으로 봐야 하는지, 성과관리의 어떤 부분을 조사해오라는 건지 등이 불분명했다. 열심히 고민해서 나름의 방향을 잡아 본부장에게 초안을 가져갔다.

"본부장님, ODA 사업 성과관리에 대해 조사해오라고 해서 초안을 잡아봤는데, 한번 봐주실 수 있을까요? 먼저, 1. 성과관리 도입 배경, 2. 성과관리 프레임워크, 3. 성과관리를 위한 지표 예시 이렇게 정리하려고 생각 중이고, 2번의 경우 조금 더 찾아봐야겠지만, 여기 보시는 것과 같이 World Bank에 이런 프레임워크가 있고, 우리나라 KOICA에는 이런 프레임워크가 있어서 이런 부분들을 중심으로 좀 더 찾아보려고 합니다. 3번은 일일이 지표를 다 보지는 못하더라도 붙여 넣으려고 하는데 어떻게 생각하세요?"

본부장은 이렇게 답할 수 있다. "전체 구성은 좋은 것 같은데, 2번을 좀 더 집중적으로 보고, 우리나라 사례보다는 국제기구 사례를 더 찾아봐줘요. 우리나라는 아직 성과관리 개념이 명확하지 않아서 딱히 참고가 되지는 못할 것 같네요. 3번은 너무 힘 빼지 말고, 인턴한테 번역만 좀 부탁해서 붙여 넣어주면 도움이 될 것 같고, 특징적인 지표들만 좀 체크해봐요. 이 작업을 끝내면 한국에 맞는 성과관리 방향에 대해 정리해서 고객KOICA에게 제안할 수 있으면 좋겠네요."

상사의 방향성이 파악됐고, 내가 생각한 초안과 어느 정도 일치됐으니, 이제 그대로 내용만 구체화하면 된다. 더 이상 무엇을 조사해야 하는지 전체 틀에 대해 고민할 필요는 없다. 더 좋은 아이디어가 생각나면 현재의 방향에서 추가하면 된다.

초안을 보고할 때 절대 하지 말아야 할 것이 있는데, 초안 자료를 상사에게 내밀고 가만히 있는 것이다. 꼭 구두로 설명해야 한다. 상사는 절대 혼자 읽지 않는다. 혹 내가 말하고 있는데 상사가 잘 듣지 않는 것 같다고 느껴지면 "본부장님, 이거 표 보이시죠? 이 표가 특히 중요한데요" 하고 콕 집어 지적해보자.

그리고 구두로 설명할 때 고민됐던 부분을 질문해야 한다. 상사가 너무 바빠 초안을 듣고는 그냥 건성으로 '네, 알겠어요. 다 해놓고 봅시다'라고 답을 할 수도 있다. 때문에 "본부장님, 국제기구 사례랑 한국 기관 사례를 다 보는 것이 좋을까요? 어떻게 생각하세요? 그럼 혹시 3번 파트 지표들은 자세히 보기를 바라세요? 아니면 제가 생각한 수준으로 먼저 하고, 보면서 더 판단하시는 게 좋을까요?"라며 어떻게 일을 해야 하는지 상사에게 꼬치꼬치 물어봐야한다. 나의 질문은 상사의 지친 뇌를 움직여 생각하게 하는 원동력이 될 것이다.

그래도 안 되면, 상사를 생각하게 만들어라

일잘러는 절대 혼자 외롭게 끙끙 앓으면서 방향을 잡지 않고, 상사가 알아서 방향을 줄 것이라고 기대하지도 않는다. 그들은 상사를 직접 생각하게 만들고, 상사가 더 좋은 아이디어를 찾도록 상사를 자가 발전시킨다.

한때 상사로부터 들었던 푸념이 있다. "아후, 머리 아파. 장 선생은 자꾸 나를 고민하게 해. 나한테 자꾸 숙제를 준단 말이지." 나는 상사에게 뭘 하라고 숙제를 준 적은 단 한 번도 없다. 초안을 만들어가서 상사의 의견을 다양한 각도로 물으면서 나보다 한두 차원 높은 상사의 아이디어를 들으려고 했을 뿐이다. 나의 질문에 답을 주기 위해 상사는 고민할 테고, 그렇게 아이디어가 나오면 함께 논의하며 방향을 탄탄하게 만들어가면 된다. 그리고 그 방향을 기반으로 자료를 정리하면 끝이다.

안개 가득한 상사의 머릿속 그림을 찾는 과정은 쉽지 않다. 그렇지만 애먼 길을 헤매다가 매번 야근하는 일 없도록, 나의 노력이 쓰레기통으로 들어가지 않도록 업무 지시자에게서 답을 찾아보자. 백지장도 맞들면 낫다고 하니 혼자 생각하는 것보다 고민의 무게가 한결 가벼워질 것이다.

3

상사의 방향에
내 생각 한 줌 넣기

더도 말고 덜도 말고, 딱 한 줌

신이 장은영을 만들 때, 인성을 한 스푼~ 상냥함은 한 컵~

인싸력은 조금… 억, 쏟았네;;

한때 '신이 나를 만들 때'라는 테스트가 유행했던 적이 있었다. 이
름 글자 조합이나 랜덤으로 결과가 나왔던 것 같은데, 이 테스트의
재미난 점은 '앗, 너무 많이 넣었네', '억, 쏟았네' 등의 표현으로 내
게 없는 것과 혹은 너무 과한 것이 신이 나를 만들 때 실수한 부분

이라고 해석하여 웃음 포인트가 됐다. 테스트해본 친구들은 "신이 나를 만들 때 인내심을 넣다가 밖으로 다 쏟아버린 것 같아"라거나 "신이 과하게 넣어준 일복 때문에 매일 야근인가 봐"라며 신을 탓하기도 했다.

일을 할 때도 '내 생각 한 줌'이 반드시 필요하다. 더도 말고, 덜도 말고, 딱 한 줌. 한 줌의 생각이 있고 없고는 일잘러와 그렇지 못한 사람을 가르는 핵심이 된다. 사람이 살면서 '적당히'라는 것이 가장 어렵다는 말이 있듯, 한 줌이라는 것도 어느 정도를 의미하는 것인지 알기 어렵다.

일잘러와 일못러는 한 끗 차이다

회사생활을 소재로 한 예전 드라마를 보면 이런 장면이 자주 등장한다. 상사가 결재판을 집어던지며 "야, 생각 좀 하라고. 시킨다고 시키는 일만 해오냐! 뇌는 그냥 달고 다니냐!" 아니, 시킨 일만 하면 되지 무슨 생각이라는 것을 하라는 말인가. 그럼 '생각을 하라'고까지 시켰으면 될 일 아닌가. 잘 살펴보면 결재판만 안 던지고 존댓말만 쓴다 뿐이지, 요즘도 종종 벌어지고 있는 상황이다.

상사들이 이야기하는 '생각'이라는 것은 무엇일까? 여기에서 생각이란 업무 담당자로서 자료에 대한 해석과 비판점, 그리고 내 업무에 적용할 만한 아이디어를 가지고 있는지에 대한 것이다. 이렇게 말하니 어려우니 조금 더 쉽게 예를 들어 설명해보겠다.

후배 지환이에게 '주요 기업 3개의 멘털 케어 프로그램 조사'를 지시했을 때다. 간단한 조사고, 기업 담당자들의 컨택 포인트를 이미 알고 있기에 프로그램을 하고 있는지와 참여 인원, 만족도 등만 조사하면 되는 일이었다. 그런데 지환이의 결과물을 보고 나는 감탄했다. 내가 이야기한 것 외에 운영 방법이나 도입 시기 등 관련 자료를 모두 조사한 것이다. 일잘러와 그렇지 못한 사람은 작성한 자료만 봐도 알 수 있다.

<지환의 결과물>

1. 주요 기업 멘털 케어 프로그램 조사 결과

	A 기업	B 기업	C 기업
프로그램명	임직원 케어 프로그램	마음 케어 프로그램	해피 상담소
도입 시기	2019년	2020년	2021년
참여 인원 및 대상	약 200명 (전 직원 1천 명)	선착순 100명 (전 직원 1천 명)	선착순 100명 (전 직원 3천 명)
내부 만족도	4.5점/5.0점	4.0점/5.0점	별도 설문 안 함
운영 방법	전문가 직고용 형태 단, 초기에는 병원과 협약 및 외주	○○병원과 협약 및 외주	○○병원과 협약 및 외주
도입 방식	시범운영 후 도입	시범운영 후 도입	직접 도입

2. 당사 적용 검토 사항

1) 3개 사 모두 멘털 케어 프로그램을 도입하고 있으며, 직원들의 만족
도가 높아 긍정적 효과를 보고 있음

2) 초기 시범운영을 한 뒤, 정식 계약 또는 정식으로 프로그램을 도입
하는 형태로 진행함. 시범운영 후 직원들의 의견을 듣고 반영하도록
노력함

3) 일단 병원과 협약을 맺고 진행하고, 단계적으로 내재화 검토 가능
함 (기업과의 협약을 선호하는 대표적인 병원 후보 업체는 다음과 같음)

4) 도입 시 고려 사항: 신청자들의 신변이 노출되고, 문제가 있는 것처
럼 조직 내에서 생각하지 않도록 변화관리 필요함. 3개 사 모두 도
입 초기에 신청자들의 신변을 보호하고, 직책자들의 마인드 변화를
여러 차례 시도하여 지금은 많이 정착됨

그는 내가 이 조사를 시킨 이유가 우리 회사도 멘털 케어 프로
그램 도입을 고민하고 있기 때문이라는 것을 이미 알고 있었다. 그
래서 조사할 때부터 당사 적용을 고려하면서 일을 진행했고, 지시
한 항목은 아니었음에도 프로그램 운영 방법이나 도입 방식까지
조사했던 것이다. 게다가 우리 회사가 검토해야 할 포인트까지 정
리했다.

지환이 일한 방식을 보면, 먼저 지시한 조사(프로그램 시행 여부,

참여자, 만족도 등)를 완벽하게 마치면서도 본인이 생각할 때 더 필요한 내용(프로그램 운영 방법, 도입 방식)을 추가하고, 맨 뒤에 본인의 생각(당사 적용 검토 사항)을 덧붙였다. 신입사원이라 간단한 조사를 준 것인데, 내가 고민하려고 했던 부분까지 알아서 조사해온 지환이를 보니 어찌나 감탄스러웠던지! 남들은 몇 번에 걸쳐 했을 일을 그는 한 번에 끝내버린 셈이다.

여기서 마지막에 덧붙인 본인의 생각이 꼭 맞을 필요는 없다. 업무에 주인의식을 가지고 고민했다는 데 그 의의가 있는 것이다. 주의할 점은 업무 결과를 보고할 때 '내 생각'을 지나치게 앞세워 보고하면 안 된다. 처음부터 과하게 내 생각을 피력하지는 말자. 오히려 독이 될 수도 있으니 '한 줌'의 미덕을 명심하자. 한 줌씩만 생각을 추가하면서 일을 배워가다 보면 경력이 쌓이게 된다. 그렇게 내 생각을 한 줌, 두 줌 더해가는 것이 현명한 방법이다.

생각하며 일하는 습관 기르기

일잘러들의 습관 중 하나는 무슨 일을 하든 '그래서 우리 회사는 어떻게 해야 하지?'라는 것을 항상 염두에 두고 일한다는 것이다. 데이터 분석을 하든, 리서치를 하든, 벤치마킹을 하든, 보고서를 쓰든 '그래서 어떻게 하지?So What?'라는 생각의 중심이 잡혀 있다. 놀랍게도 이러한 사고방식은 임원들이 사고하는 법과 유사하다. 임원 될 사람은 떡잎부터 알아본다는 말이 이래서 나오나 보다.

무슨 일이든 습관을 들이는 것이 중요하다. 의식적으로 해야만 하는 일들도 있지만 꼭 해야 하는 일들은 습관을 들여 의식하지 않아도 자연스럽게 하도록 하는 것이 좋다. '그래서 이걸 우리 회사도 해야 할까? 왜 해야 하지?(하면 뭐가 좋지?) 하게 되면 어떻게 해야 하지? 혹시 고려해야 할 점이 있나?' 식으로 생각의 꼬리에 꼬리를 물어보자. 그리고 그 생각을 정리해서 나만의 한 줌을 추가해보자.

상사를
한배에 태워라

일의 정석, 3단계 피드백 받기

<선배의 뒷담화>

아니 글쎄, 내가 걔한테 일을 줬거든? 일주일이 되도록 소식이 없는 거야. 묻기도 뭐해서 결국 일주일 동안 꾹꾹 참았지. 그런데도 안 주길래 한 2주 지났나? 결국 "혜민 씨, 혹시 그 일 어떻게 되어가요?"라고 물었더니, "언제까지 드리면 되는데요?"라고 답을 하는 거야. 기가 막혀서! 그걸 왜 이제야 묻는 거야? 하여튼 그래서 "가급적 빨리 주세요"라고 했더니, 바로 오늘 자료를 주더라고. 근데 진짜 너무 엉망인 거야.

결국 처음부터 내가 다시 해야 했어. 괜히 2주 가까이 시간만 버렸다니까. 요즘 얘들하고 진짜 일 못 하겠어.

<후배의 뒷담화>

나 진짜 그 과장 때문에 짜증 나 죽겠어! 일을 아무 방향도 없이 그냥 주는 거야. 내가 거의 2주간 끙끙대면서 하고 있는데, 오늘 갑자기 남 얘기하듯이 "그 일 어떻게 되어가요? 빨리 주세요"라는 거야. 아니, 처음부터 언제까지 하라고 말해주고, 어떻게 하면 되는지 방향을 줬으면 됐잖아. 근데 보고서를 가져가서는 답도 없어, 피드백도 없고. 나중에 알고 보니까 자기가 다시 해서 위에 보고 했더라? 그럴 거면 나를 왜 시킨 거야? 똥개 훈련시킨 건가?

각자의 입장에서 들으면, 모두 말이 된다. 사실 선배도 후배도 잘한 건 없다. 만약 선배가 초반에 방향성을 줬더라면, 중간에 같이 자료를 보면서 내용을 맞춰갔더라면 후배가 그렇게 개고생할 필요가 있었을까 싶다. 자료에 대한 최종 피드백이라도 줬으면 후배가 조금 덜 서운했을지도 모른다. 만약 후배가 일을 받은 후에 한 번이라도 선배에게 물어봤다면, 선배가 생각하는 방향을 조금이라도 들을 수 있지 않았을까. 적어도 결과를 제출하고 나서 선배에게 피드백을 요청했다면, 앞으로는 어떤 방향으로 일해야 하는지 알 수 있

우린 한배를 탔어~ 탔을걸요?!

이쪽이야!

저쪽이야!

지 않았을까.

일잘러 업무 방식의 비밀

선배와 후배, 상사와 직원 모두 각자의 배를 타고 다른 방향을 보며, 항해하고 있었던 셈이다. 서로 필요한데 궁금해하지도 묻지도 않으니 서로에 대한 불신만 가득하다. 어쩌다 이렇게 됐을까? 바야흐로 직장인 불신 시대다.

회사에서는 의외로 위와 같은 상황이 많이 벌어진다. 사례와 같은 뒷담화가 어디서 많이 들은 이야기처럼 익숙하게 들린다면, 혹은 내 이야기 같다고 느껴진다면, 바로 그 이유일 것이다. 내가 상사들의 뒷담화 대상이 되고 있지는 않은지 궁금하다면 다음 체크 리스트에 답해보자.

나는 일잘러인가? 일못러인가?	
1. 나는 처음에 일을 받을 때 별다른 질문을 하지 않는다.	
2. 나는 상사와 중간본에 대해 공유하지 않는다.	
3. 내가 일한 결과물을 가지고 갔을 때 선배의 표정이 별로면, 더 묻지 않고 서둘러 자리로 돌아온다.	
4. 나한테 추가로 업무를 안 주면 그냥 넘어간다.	

우리가 생각하는 일잘러들의 모습은 어떨까? 업무 중에 문제 상황을 발견하면 단 몇 분 만에 원인을 간파한 뒤, 미친 창의력과 번뜩이는 아이디어로 해결책을 찾아서 짜-잔하고 상사에게 보고한다. 한 방에 말이다. 그러나 실제 일잘러들은 업무를 '한 방'에 처리하지 않는다. 그들은 일을 할 때 단계적으로 처리한다. 여기서는 일잘러들이 주로 사용하는 '3단계 피드백 받기'를 소개해보겠다. 월요일에 상사가 업무를 지시했고, 금요일까지 일을 완료하기로 했다고 가정해보자.

1단계. 빠른 시일 내에 상사의 머릿속 그림을 확인하라

집 짓기에 비유하자면, 항상 바빠서 시간이 없는 상사가 큰 생각 없이 '집 하나 지어오세요'라고 했을 때, 이게 아파트를 지으라는 건지, 상가 건물을 지으라는 건지, 이 건물은 지으면 정확히 어떤 용도로 쓰려고 하는지 등 내가 생각하는 방향을 정리해서 그게 맞는지 확인해야 한다.

일은 일을 받은 초반 몇 시간이 가장 고통스럽고 어렵다. 하지만 이 과정을 거쳐야 '내가 지금 일을 잘하고 있구나'라고 생각할 수 있다. 초반 단계에서는 많은 리서치와 참고자료를 찾고 분석하고 고민하며 업무 방향과 예상 결과를 스케치해야 한다. 내 경우에는 정말 확신이 안 설 때면 1안, 2안, 3안까지도 만든 적 있었다.

그럼 스케치도 그렸겠다, 이제 언제쯤 상사의 머릿속 그림을 확인해야 할까? 업무에 따라 다르지만, 예를 들어 월요일 아침에 일을 받았다면, 빠르면 월요일 퇴근 전에 또는 화요일 오전까지는 이 작업을 하는 것이 좋다. 일을 시작하기 전에 꼭 확인해야 할 부분이니 빠르면 빠를수록 좋다. 단, 아무 생각 없이 빈털터리로 상사를 찾아가면 '그걸 너보고 고민하라는 거지, 나한테 다시 물어볼 거면 내가 너한테 줬겠니'라는 드라마에서나 나올 법한 말을 듣기 십상이니 꼭 내 생각이 담긴 스케치를 가지고 가야 한다.

2단계. 내가 구체화하고 있는 결과가 맞는지 중간 점검을 하라

스케치를 그리고 나면, 구체화 단계로 넘어갈 수 있다. 아파트긴 한데, 대단지 아파트를 지어야 할지, 특색 있는 소규모 아파트 단지를 만들어야 할지, 고급 아파트 단지를 만들지, 대중화된 느낌의 아파트 단지를 만들지 등 세부적인 방향을 확인하는 것이다. 이에 따라 어떤 자재를 써야 하는지, 어떤 부대시설이 추가로 필요할지 등이 정해진다.

큰 그림은 상사와 1단계를 통해 맞췄지만, 실무자 입장에서 일을 하다 보면 궁금한 점이 많이 생길 수밖에 없다. 같은 경쟁사인데 A는 식품 업계로 진출하려고 하고, B는 화학 업계로 진출하려고 한다. 서로 방향이 너무 다르고, 어느 정도 깊이로 리서치를 해야 할지 모르겠는 등 조사를 하다 보면 다양한 경우가 발생한다. 이럴 때는 내가 하고 있는 부분까지 정리한 중간본을 들고 상사를 찾아가야 한다. 이때 궁금한 점들은 따로 정리해 상사의 의견을 분명히 들어보는 게 좋다. 이 작업은 적어도 수요일 퇴근 전까지 해야 상사의 의견을 정리해서 보고서에 반영할 시간을 확보할 수 있다.

3단계. 최종 제출 시 결과물을 설명하면서 추가로 고민됐던 부분을 언급하라

절대로 '완료본입니다. 감사합니다. 끝!' 하고 메일을 보내지 않는 것이 좋다. 많은 직장인들이 설명 없이 메신저로 결과물을 던지거나, 이메일에 자료만 휙 보내는데 내가 노력한 것이, 나의 의도가 잘 설명되지 않은 채로 그냥 전달만 되는 것이 아쉽지 않은가? 간단하게라도 상사에게 설명하는 것이 좋다.

"부장님, 동종 업계 경쟁사 동향 리서치 결과를 송부드립니다. 말씀한 것과 같이 주요 경쟁사인 A, B, C에 대한 사업 방향을 대상으로 관련 업계로의 확장과 비관련 업계로의 확장으로 구분하여 정리했습니다. 작업 중 내부적으로 역량을 강화하는 회사와 M&A를 통해 확장하는 회사로 또 다른 구분이 가능해 보였는데, 이 부분은 의견 주시면 추가로 조사해보도록 하겠습니다. 작업본 한번 보시고 보완해야 할 내용은 의견 주시면 감사하겠습니다."

너무 장황하고 길게 쓸 필요는 없다. 내가 어떤 관점으로 이 작업을 했고, 어떤 결과가 대략 나왔으며, 하다 보니 이런 추가적인 고민이 있었다는 정도로 최소한의 내용만 전달하면 된다. 이는 그간 열심히 한 나의 과정과 결과가 함께 전해지는 효과뿐 아니라 상사도 궁금해서 내용을 꼼꼼히 확인하고 피드백을 줄 수밖에 없게 만든다. 명심하라. 완료본이 아니라 작업본이다.

3단계 피드백 덕분에 일잘러로 변신한 썰

2년 차였던 후배 지민이는 스마트하고 빠른 친구인데, 조직의 평가는 별로였다. 왜 사람들이 그녀를 그렇게 평가하는지 보니, 업무에 대해 전혀 피드백을 받지 않으면서 일을 진행했던 것이다. 아무도 그녀에게 무엇이 잘못됐는지, 어떻게 잘해야 하는지 이야기해주지 않았고, 그녀는 그렇게 회사 내에서 'C 평가를 받는 주니어'가 되어 있었다. 후배는 '내가 이 회사와 맞지 않나 보다. 이직해야 하나 보다' 하며 축 처져 있었고, 나는 나와 일하는 동안에라도 '3단계 피드백 받기' 방법을 적용해볼 것을 제안했다.

그렇게 지민이는 나와 프로젝트를 하면서 몇 시간이면 하는 간단한 업무부터 일주일 가까이 걸리는 업무까지 모두 3단계 피드백을 받았다. 아주 단순한 업무는 3단계까지 할 필요가 없기도 했고, 범위가 넓고 깊이가 있어야 하는 업무는 2단계를 몇 차례씩 반복하기도 했다. 상사의 의견을 묻기 위해서는 스스로 의견이 정확히 정리되어야만 하고, 혼자 일하는 것보다 2배 이상의 노력이 들기 때문에 처음에는 지민이도 이 과정을 어려워했다. 그러나 몇 차례 피드백 과정을 거치면서 그녀는 정말 많이 성장했고, 이제는 회사에서도 컨설턴트로서 인정받고 있다.

'3단계 피드백을 받는 것'은 내가 타고 있는 배에 상사를 태워 올바른 항로를 찾아 목적지에 빠르게 다다르게 하는 기술이다. 상사는 적이 아니다. 같은 배를 타고 한 방향으로 함께 노를 젓는 아군이다. 서로 다른 방향으로 노를 저으면 아무리 열심히 해도 망망

대해에 표류하고 만다. 목적지에 누가 빨리 도착하느냐는 결국 상
사의 피드백 횟수에 비례한다.

5

리뷰 받을 때 말대답하라

내 생각을 가장 잘 전할 수 있는 순간

팀장을 맡으면서 리뷰(검토)할 일들이 많아졌다. 주니어 컨설턴트 시절에는 컨설팅 보고서(산출물)에 대해 상사 또는 고객에게 리뷰 받는 순간이 가장 싫었는데, 이제는 내가 리뷰하는 직책이 된 것이다. 리뷰를 받을 때는 정말이지 '회사생활에 리뷰만 없다면, 참 즐겁게 일할 수 있겠다'는 생각이 들 정도였다. 어떤 때는 공포감까지도 느껴졌다.

리뷰 회의는 '자료나 업무가 제대로 됐는지를 점검하고, 잘못된 부분에 대해 상사의 피드백을 받거나 서로 토론하며 합의점을 찾는 회의'다. 일을 마무리하기 위한 필수 조건인 셈이다. 그럼에도 리뷰 시간은 마치 상사에게 지적당하거나, 후배를 지적하는 순간처럼 되어버려 리뷰를 받는 사람도 리뷰를 하는 사람도 편치 않은 시간이다. 어떤 사람은 '리뷰를 받으면 항상 지적당하는 기분이라 주눅만 든다'라고 했다. 안타깝지만, 리뷰의 본질이 그런 거라 어쩔 수 없다. 리뷰하는 사람이 아무리 좋게 말하려 노력해도 '이건 수정해야 할 것 같다'는 말이 상대방에게 듣기 좋을 리는 만무하다.

나는 현재 팀장이지만, 나에게도 상무님, 전무님, 부대표님, 대표님 등 리뷰를 해주는 상사가 있다. 회사생활 14년 차지만, 상사에게 리뷰 받는 순간은 지금도 기분이 좋지 않다. 그러니 리뷰의 본질을 받아들이고 기분 나쁘다고 생각하지 않는 방법밖에 없다. 어쩔 수 없는 것으로 매번 스트레스 받는 것보다 차라리 이 편이 낫다. 내가 회사의 주인도 아니고, 어떻게 모든 일의 목적과 내용을 다 알 수 있겠나. 그러니 나보다 조금 더 아는 상사의 의견(잔소리처럼 느껴질지라도) 한 줌을 추가한다 생각하면 어떨까. 리뷰 받는 그 한두 시간만 넘기면, 혼자 끙끙대며 고민했던 문제들의 해결책을 얻게 될 것이다.

리뷰 회의, 너 정체가 뭐니

처음 팀장이라는 직책을 맡았을 때는 좋은 팀장 코스프레(?)를 위해 열과 성을 다해 리뷰를 하고 마지막에 "혹시 내가 잘못 알고 있거나 다른 생각 있으면 꼭 이야기해요"라고 덧붙였다. 하지만 "네, 알겠습니다"라고 답만 잘했을 뿐 막상 내 의견에 이견을 말하는 사람은 없었다.

그러던 어느 날 경력으로 입사한 지 얼마 안 된 지현 씨의 첫 리뷰 시간이었다. 그녀가 가져온 자료를 보는데 논리가 맞지 않았다. 나는 '아직 입사한 지 얼마 안 됐으니 당연한 거지'라고 생각하면서 피드백하기 시작했다. "이렇게 구조를 만들어야 좀 더 논리적으로 앞뒤가 맞지 않을까요? A가 맞아야 B가 달성된다는 느낌도 더 잘 줄 수 있을 것 같고." 다른 팀원들에게 하던 피드백과 별반 다르지 않은 방식이었다.

그런데 한참을 '네네' 하던 지현 씨가 머뭇거리며 입을 뗐다. "팀장님 말씀이 맞는 것 같은데요. 제가 이렇게 만든 이유는 정량적인 지표들이 최대한 많아야 성과를 평가할 때 객관적일 수 있을 것 같아서였습니다." 그 말을 듣고 나는 '아차' 싶었다. 첫째는 내 말대로 논리를 우선으로 챙기다 보니, 정량 지표들을 넣는 것을 간과했고, 둘째는 '이 친구가 정말 다각도로 고민을 많이 했구나'라는 것이 느껴졌기 때문이다. "지현 씨 말도 맞네요. 그럼 큰 그림은 내가 말한 대로 수정하되, 지현 씨가 이야기한 정량 지표를 그 틀에 끼워 넣어보면 좋을 것 같아요. 훨씬 좋은 그림이 나오겠네요. 고민 많이 했네요. 수고했어요." 칭찬이 절로 나오는 리뷰였다. 내 생각과 팀원의 생각이 서로 보완된 아주 좋은 결과물이었다.

이 일이 있고 난 뒤부터 나는 후배들에게 이렇게 말한다. 리뷰를 받을 때 본인이 '왜 그렇게 작업을 했는지, 어떤 생각과 고민으로 만들었는지'를 꼭 상사에게 설명하라고 말이다. 옛 어른들은 어른의 말에 토를 달면 '어디서 말대답이야'라고 했지만, 나는 현대사회에서는 그 말대답이 반드시 필요하다고 생각한다. 상사는 일의 큰 그림은 볼 수 있지만, 세부적으로 가장 많이 고민한 사람은 그 일을 한 '나'다. 큰 그림을 보는 것도 분명 중요하지만, 큰 그림만 보다 보면 여러 가지 관점에 따라 간과될 수 있는 내용들이 생기기 마련이다. 때문에 상사들은 실무자가 본인이 보지 못한 실무적인 관점의 의견을 내주는 것을 기대한다. 그래야만 서로 보완점을 찾을 수 있다. 그것이 회사에 다양한 직급이 존재하는 이유이며, 잘하는 부분들을 상호 공유하여 시너지를 내는 과정이다.

물론 상사도 이런 상황이 익숙하지 않다 보니 앞에서는 '왜 말대답하냐'는 듯이 생각할 수도 있다. 그런데 내가 팀장이 되어보니 은근히 뒤에 가서 '걔가 강단이 있고, 생각이 있더라'면서 말대답한 팀원을 칭찬하는 상사들을 꽤 봤다.

처음에는 나의 의견이 틀릴 때도 많겠지만, 자기 의견을 제시하고 상사의 의견을 듣는 '티키타카'의 과정은 나의 업무 성숙도를 높일 기회이자 일을 배울 수 있는 가장 빠른 지름길이다. 리뷰가 싫었으면서도 리뷰가 끝나고 나면 문제를 해결할 수 있을 것 같다는 생각에 뿌듯한 마음이 들었던 것도 바로 그 이유 때문일 것이다. 무엇보다 상사의 말에 대답하지 않으면, 나의 수많은 고민들과 노력들이 절대로 전달되지 않으니 이제부터 나의 노력은 내가 챙기는 걸로.

또박또박 말대답하는 3가지 팁

자, 말대답을 하기로 결심했다. 그런데 눈에 쌍심지를 켜고 '그건 아닌 것 같은데요?' 할 수는 없는 노릇이고, 그렇다면 어떻게 말해야 할까? 말대답할 때는 3가지 중요한 팁이 있다.

첫째, 단계적 화법이다. 먼저 상사의 말에 공감과 동의를 표한 뒤 내 의견을 말하는 것이다. 모든 인간은 본인의 의견에 동의를 얻고 싶어한다. 회사생활에서도 자기 의견에 동의하는 것을 싫어하는 상사는 없다. 칭찬부터 시작하여 다른 의견을 추가로 제시하는 것은 상대를 설득하는 스피치 기술 중 하나이기도 하다.

"팀장님 말씀이 맞습니다. 제가 그 부분은 생각 못했는데, 말씀해주신 방향으로 수정하겠습니다. 그런데 한 가지만 여쭤보고 싶은데요. 지난 회의에서 언급됐던 인재 중심의 내용이 들어가면 전체적인 회사 방향과 맞는다는 느낌이 들지 않을까 싶어서 이 내용을 넣은 것인데, 혹시 이 부분은 어떻게 생각하세요?"

이런 방식의 화법에 대해 예의 없이 말대답한다거나, 불필요한 말을 한다고 생각하는 상사는 한 명도 없을 것이다. 오히려 다양한 각도로 고민했던 노력을 인정받게 될 것이다.

둘째, 확인하는 말하기다. 속사포 같은 상사의 피드백을 정확히 캐치해내는 것은 쉬운 일이 아니다. 그걸 100% 캐치할 정도의 내공이 있다면, 내가 팀장 했을 것이다.

"제가 조금 더 정확하게 이해하고 일하고 싶어서 그런데, 한 가지만 확인차 여쭤봐도 될까요?"라고 동의를 구한 후에, "이렇게 수정해야 하는 이유가 수익성 측면을 고객사에 이야기해야 하기 때문일까요? 아니면 내부에서 명확히 의사결정을 하기 위한 목적일까요?"라고 물어보는 것이다. 다시 한번 확인했기 때문에 오해의 소지가 없고, 피드백 내용이 좀 더 명확하게 이해될 수 있으니 좋다.

셋째, 예상하기다. 상사와 몇 차례 피드백을 진행하다 보면, 신기하게도 저 사람이 어떤 측면의 이야기를 할 것 같은지 예상되기 시작한다. 예를 들어, 나의 상사는 항상 경영진 회의에서 나온 내용들이 잘 반영됐는지를 물으니 그에 대한 내 생각을 정리해두면 된다. 또한 정량적인 데이터를 챙기는 스타일이니 빅데이터로 준비해두는 방법도 있다. 현재 우리 팀 팀원들은 이 과정이 조금씩 익숙해지다 보니, 내가 리뷰에서 무언가를 질문하면, '물어보실 줄 알고 준비했죠' 하는 경우가 종종 있다.

예상하기의 장점은 상사의 질문이나 피드백이 있을 때 바로 대응할 수 있고, 내가 자료에 직접 넣지 않았더라도 추후 넣게 됐을 때 바로 활용할 수 있다는 것이다. 무엇보다 준비된 느낌을 줄 수 있어서 상사의 날카로운 질문에 망설임 없이 답변하는 내 모습을 보며 뭐라도 한 건 한 것 같은 뿌듯함을 느낄 수 있을 것이다. 이제부터 혼난다고 주눅 들지 말고, 상사의 의견을 존중하고 이해하되, '넵넵' 하는 넵봇 대신 적절한 말대답과 자기 의견을 제시해보자.

주변의 일잘러들을 보라. 그들은 적절한 상황과 수준에서 늘 상사와 대화한다. 그들은 리뷰를 두려워하지 않고, 상사는 그들의 의견을 존중하고 반영한다. 리뷰 시간은 상사의 생각을 빠르게 캐치하고, 본인의 생각을 잘 전달하며 서로 합을 맞춰가는 과정이자 신뢰를 쌓는 과정이다.

6

보고할 땐
2안, 3안 준비하기

하나만 맞춰도 성공이다

회사에서 '상사 또는 고객에게 까이지 않는 법'이 있을까? 관련 책이나 유튜브 영상이 있다면 대박 날 것이다. 나는 회의에서 까이는 것이 제일 싫었다. 열심히 만들어간 결과물에 대해 "이건 완전아닌데"라는 말을 듣는 것이 혼나는 것보다 더 기분 나빴다. 요즘은 덜하겠지만, 내가 컨설턴트를 막 시작하던 2010년쯤에는 "이건 뭐, 초등학생도 이렇게 안 만들겠다"라는 식으로 대차게 까이는 선배들이 종종 있었다. 그걸 보며 '나는 저렇게 당하지 말아야지'라며

다짐하고는 했다.

까임 방지법

그때 이후 나는 까이지 않기 위해 온갖 방법을 강구했다. 그중 후배들에게 전수해주고 있는 방법은 '2안, 3안 준비하기'다. 쉽게 말해양으로 승부해 성공 확률을 높이는 것이다. 1, 2, 3안 중 하나라도엇비슷하게 맞으면 그다음 일이 좀 수월해진다.

컨설팅 프로젝트 중이었다. 우리는 'ESG에 대한 직원들의 인식과 준비도 조사' 설문을 진행하기로 했다. 인식과 실행 측면으로 나누어 설문하기로 했고, 각각 10개 항목으로 구성하여 총 20개 문항을 초안으로 만들었다. 그런데 내가 설문을 받는 사람이라고 생각하고 문항을 보니 기존 설문지들과 별다른 것 없는 구성이었다. 더구나 당시 그런 조사가 많았던 시기라 설문자들이 흥미를 느끼지 못할 것 같다는 생각이 들었다(심지어 부서 예산을 이유로 설문자들에게 주는 기프티콘 등의 선물도 하지 않기로 해서 설문자들이 참여할 이유가 더 없을 것 같았다).

고객과의 회의 시간이었다. 나는 1안을 들고 설문의 구성과 질문 항목을 열심히 설명했다. 무난한 내용이다 보니 고객도 전반적으로 동의하는 느낌이었지만, 확신의 끄덕임은 아니었다. 그 순간 나는 준비한 2안을 들이밀었다.

"제가 이걸 작성하다 보니 최근 조직 내 설문조사에 대한 직원들의 피로도가 높은 편이고, 설문 간 차별점도 없을 것 같아 직원들이 하기 싫어할 수도 있겠다는 생각이 들었습니다. 설문자가 대충 답을 하면 의미 없는 설문조사가 될 게 뻔하고요. 그런데 지난 보고 때, 전무님께서 이번 프로젝트는 직원들에게 재미있게 다가갔으면 좋겠다고 말씀하셨던 것이 생각나서 그에 맞춰 다른 방향의 2안을 준비해봤습니다. 설문조사 질문을 직원들의 마음을 대변하듯 솔직하고 직설적으로 표현하되 약간의 위트를 넣어 조사라는 딱딱함을 보완한 안입니다. 구성은 동일하지만, 표현을 다르게 했다는 점이 포인트입니다. 예를 들어, '나는 ESG 활동에 참여하고 있다'는 문항을 '나는 ESG 활동에 참여하고 있으나, 솔직히 회사가 하라고 해서 하는 것이다'와 '나는 ESG 활동에 참여하고 있으며, 하다 보니 취지에 동의가 되는 것 같다' 등의 문항으로 바꾸는 것입니다. 요즘 MZ세대는 직관적인 화법을 좋아하고, 그래야 직원들의 마음을 제대로 읽을 수 있을 것 같습니다. 설문 결과를 해석할 때도 최근 유행하는 MBTI처럼 '열혈 관종형', '절대로 변화하지 않을 독불장군형' 등 유형에 이름을 붙이는 것도 아이디어가 될 수 있을 것 같습니다. 3안은 하이브리드 안인데, 2안이 과하게 느껴진다면, 질문은 기존 안으로 하고 결과만 유형 이름을 붙여보는 것도 방법일 것 같습니다."

2안, 3안 준비하기에서 주의할 것은 1안은 상사나 고객들이 익숙해할 만한 구성과 내용으로 만들어 안정감과 신뢰감을 주는 게 좋다. 만약 스스로 자기 아이디어가 너무 좋아서, 나 같은 천재가 없는 것 같다며 신나게 새로운 1안만 열심히 만들어서 보고했다면 어땠을까? 익숙함은 새로움보다 더 큰 힘을 발휘하는 경우가 많다. 기존 방식을 두고 새로운 방향으로 일을 진행하는 것은 아무래도 품이 더 많이 들고 시행착오를 겪어야 하기 때문이다. 또한 그 새로움이 상사들에게는 장난처럼 느껴질 수도 있다. 그러므로 내부 회의도 그렇지만, 공식적인 회의에서는 사전에 논의되지 않은 새로운 아이디어를 1안으로 가장 먼저 제시하는 건 위험한 측면이 있다. 새로운 아이디어를 제시하고 싶다면 2안에 넣어 듣는 사람 입장에서 기존 안과 비교해볼 수 있도록 해주는 게 더 좋다.

경우에 따라 3가지 안이 모두 별개로 나올 때도 있고, 2개 안으로만 나올 때도 있으며 4개의 안이 필요할 때도 있다. 하지만 가장 중요한 건 1안임을 명심하자. 나머지 안들은 내 선택이니 부담 갖지 말고 만들면 된다. 완성도 측면에서도 1안은 완성도 있게 공을 들여야 하지만, 2안, 3안은 굳이 완성도 있게 만들 필요가 없다. 이는 의견을 묻기 위함이므로 청자를 이해시킬 수 있는 적당한 수준으로 만들어서 설명하면 된다.

내 안건은 3안 하이브리드 안이 선택됐다. 이럴 경우 3안을 보충해가면 된다. 나는 설문은 평범하게 하되 이후에 일부 직원들을 모아 그룹 인터뷰를 수행할 때는 솔직하게 문답하여 최종 결과를 전사에 발표할 때 재미 요소를 넣어 구성했다. 나의 2안, 3안으로 고객사의 니즈가 충족됐고, 프로젝트 산출물에 대한 반응도 좋은 결과를 얻었다.

일의 적중률을 높여라

일잘러들은 하나의 완성도 있는 안(1안)으로 청자(상사 또는 고객)를 안심시켜주고, 새로운 관점(2안, 3안)을 제시하여 그들이 다양하게 생각할 수 있도록 해준다. 앞의 예시는 새로운 아이디어를 2안, 3안으로 제시한 것이지만, 경우에 따라 보고서의 구조를 1, 2, 3안으로 짜기도 하며, 관점을 달리해 만들기도 한다.

보고서 구조의 경우 배경부터 순차적으로 구성하여 이해를 쉽게 하는 1안(논의 배경-검토 결과-대안), 결론부터 사이다처럼 제시하는 2안(검토 결과 및 대안을 먼저 제시하고, 별첨 자료로 논의 배경과 유관부서의 입장, 회의록 등을 첨부)으로 준비할 수 있다. 관점에 따라 달리 구성하는 경우에는 시간의 흐름대로 구성하는 1안(출근 후-업무 시간-퇴근 후 시간)과 업무 프로세스에 따라 구성하는 2안(사업 개발-제안-수주-계약) 등의 방식이 될 수도 있다.

고민된다면 가장 적절해 보이는 것을 1안으로 구성하고, 2안, 3안을 추가로 준비하면 된다. 3개 안이 모두 선택되거나 안 될 수도 있으나 그럴 경우 상사와 회의를 통해 준비한 안을 가지고 최선의 안을 찾아나가면 된다. 어차피 해야 할 일이라면 두 번 세 번 하는 일 없도록 결과물의 적중률을 높여보자.

힘들지만 나를 위해
버텨보려면

1

우리 모두
울고 싶은 시기가 있다

버티는 것의 가치

"언니, 저 퇴사하게 되어서요. 점심 같이하실래요?"

얼마 전 후배 아영이에게서 연락이 왔다. 오랜만에 만난 후배는 다른 회사로 이직한다고 했다. "근데 너 신입사원 때부터 퇴사하겠다고 노래 부르더니, 7년이면 엄청 오래 다녔다." 그녀의 신입사원 시절을 함께 보냈던 나로서는 신기하기만 했다.

"정말 신입사원 때는 저랑 안 맞는 일인 것 같고 욕심은 있는데

버티면 오더라 좋은 날~

결과는 안 나와서 너무 힘들었거든요. 근데 그때가 너무 힘들어서인지, 그다음부터는 오히려 상황이 나아지는 것 같더라고요. 2~3년 더 지나니 인정도 받기 시작했고, 그래서 버틸 수 있었나 봐요."

최근에는 얼마 전 입사해 신입사원이 된 후배 용진이가 나에게 어두운 얼굴로 상담을 요청했다. 우리 회사에 온 지 1년도 안 된 후배가 이직을 고민한다. "제가 컨설팅이 재미있을 거라 생각하면서 온 건데, 잘 안 맞는 것 같아요. 프로젝트가 너무 힘들어서 다음 프로젝트는 생각만 해도 이젠 무서워요. 아침에 눈뜨기 싫은 느낌, 뭔지 아세요? 컨설팅을 그만해야 하나 싶어요." 아침에 눈뜨기 싫은 그 느낌, 퇴근하고 집에 왔는데 씻을 힘도 없어서 소파에 누워 '이대로 시간이 멈춰버렸으면 좋겠다' 하는 느낌, 너무 잘 안다. 그렇지만 그만두기에는 아직 이르다고 말하고 싶은데, 마음이 아프다.

조금만 더 버텨야 하는 이유

회사생활을 하면서 우리는 다양한 위기를 겪는다. 미국 드라마 〈위기의 주부들〉을 볼 때마다 나는 '위기의 회사원들'이라고 바꾸고 싶었으니 말이다. 나에게도 1~2년에 한 번씩 진정으로 퇴사해야 할 것만 같은 위기의 순간들이 있었다. 일이 너무 많거나 어려워서 힘들었을 때도 있었고, 나를 이상하게 괴롭히는 상사가 있었을 때도 그랬고, 정말이지 너무 안 맞는 후배가 들어왔을 때, 고객들이 힘들게 했을 때면 매번 관두고 싶다고 생각했다. '어쩜 이렇게 비슷한 순간이 하나도 없지' 싶을 만큼 늘 새로운 위기가 왔고, 그 위기는 여전히 현재진행형일지도 모른다. 회사에서 엄청나게 잘나가는 것 같은 임원도, 태어났을 때부터 '본투비born to be 컨설턴트'라는 이름표를 붙이고 태어났을 것만 같은 팀장도 언제나 가슴속에 사직서를 품고 있다.

3~4년 차 컨설턴트 시절에 진행한 프로젝트가 있었는데, 한국 대기업이 베트남에 진출해서 사업을 확장하는 전략을 짜는 프로젝트였다. 전략 프로젝트이다 보니 고민해야 할 것들이 많아 야근을 밥먹듯이 했고, 기본 새벽 2~3시에 퇴근했다. 그렇다고 출근을 늦게 할 수 있는 것도 아니었다. 그런데 그렇게 빡센 업무 시간보다 더 공포스러웠던 건 매니저의 리뷰 시간이었다. 내가 만든 PPT의 논리와 구성에 대해 검토받는 시간이었는데, 당시 매니저가 기대했던 수준에 내가 한참 못 미쳤는지 욕을 먹지 않은 날이 없었다. 한바탕 욕을 먹고 나면, 나의 자존감은 바닥을 치고 눈물이 절로 났다(당시 프로젝트에서 그에게 욕 안 먹는 사람은 한 명도 없을 정도였다).

그때 내가 잡았던 목표는 3개월이라는 짧은 프로젝트 기간 내에 이 사람에게 '그래도 괜찮네'라는 말을 듣는 것이었다. 새벽에 간신히 몸을 뉘면서도 일 생각을 하다 잠들고, 그러다 보면 잘 안 풀리던 문제가 가끔 꿈에 나와 쓱쓱 풀리는 꿈을 꾸고, 눈을 뜨면 그 내용을 잊어버릴까 봐 빈 종이를 꺼내 PPT를 구상해놓고 출근하자마자 그려내기도 했으니 어느 정도였을지 짐작이 갈 것이다. 이런 나의 노력이 닿았는지, 어느 날 "그래도 많이 나아졌네"라는 그때의 리뷰 기준에서는 나름의 칭찬이라고 할 수 있는 말을 듣게 됐다. 완벽한 칭찬은 아니었지만 얼마나 기쁘던지!

그렇다고 해서 가수 강민경이 했던 말처럼 "버티자, 버티는 거야. 버티고 보는 거야! 인생은 버티는 거야!!"라고 말하고 싶은 생각은 없다. 행복하기에도 짧은 인생인데, 뭐 하러 굳이 하루하루를 지옥같이 보내려 하는가. 다만, 왜 이상한 사람 때문에, 이상한 환경 때문에 내 커리어와 소중한 월급이 위협받아야 하는 걸까. 어렵게 들어온 회사인데, 처음 회사에 들어왔을 때 꿈꾸던 바가 있었을 텐데, 적어도 내 선택에 있어 '할 만큼 했다'는 생각은 들어야 하지 않을까. 다른 사람 때문이 아닌 나 자신을 위해 내 다음 스텝을 위해 버텨보는 것이다.

너무 힘들어서 지금 이직을 생각하고 있는 후배들에게 이야기해주고 싶다. 지금을 피한다고 해도 위기는 어딜 가든 찾아온다고. 특히 요즘 신입사원의 이직률이 높은데 조금만 더 버텨서 최소 2년은 채워봤으면 한다. 그래야 성장하면서 이직할 수 있다. 2년도 채 안 되는 시간에 자꾸 이직하게 되면 배우는 것 없이 오히려 시간만 낭비할 가능성이 크다.

경력직으로 이직할 때는 그 분야에 경력과 전문성이 쌓여 있어야 한다. 이를 위해서는 어느 정도의 절대적인 근무 연한이 필요하다. 보통 '나 이 일 좀 했어요'라고 말하려면 그 분야에서 최소 2~3년은 경험이 있어야 한다고들 말한다. 일이 힘들어 사표를 던지고 싶을 때마다 생각하자. 지금의 시간은 더 좋은 곳으로, 한 단계 더 올라가기 위한 시간이라고. 일을 내 것으로 만드는, 경력을 쌓는 시간이라고. 사실 2년만 버티면, 2년이 3년이 되고, 3년이 5년이 되는 시간은 좀 더 쉽다.

14년 차인 나는 20년, 30년 일하고 있는 선배들을 보면 대단하고 존경스럽다. 위기의 상황이 왔을 때 '잘 버텨내는 것'도 하나의 전략이고, 지혜고, 능력이다. 회사생활은 내가 원하는 일을 찾아가는 과정이기도 하지만, 인생을 살아가는 데 마주하게 될 위기의 순간들을 버텨낼 수 있는 힘을 기르는 것일지도 모른다. 김이나 작사가는 저서 《보통의 언어들》에서 "기억하자. 오래 살아남는 시간 속에 잠깐씩 비참하고 볼품없는 순간들은 추한 것이 아니란 걸. 아무도 영원히 근사한 채로 버텨낼 수는 없단 걸"이라고 말하기도 했다.

버틸 최소 목표를 설정하라

지금 이 순간 힘들어하는 후배들에게 내가 직접 해봤던 '버티기 방법'을 공유한다면, **첫째는 작은 버티기 목표를 세우는 것이다.** 버텨야 하는 상황이라면 엄청난 성과를 목표로 잡기는 어렵다. 내 경험상 당장 우리 팀 매니저에게 인정받지도 못하면서 고객 앞에서 활약하며 돋보이기는 너무 어려운 일이다.

아주 작은 목표, '딱 한 마디만 인정받는 말을 듣자' 또는 '성실하게 내가 맡은 일만 집중해서 하자'와 같이 당장 내가 할 수 있는 목표를 잡고 힘든 순간마다 이를 되뇌는 게 좋다. 작은 목표를 잡으면 오히려 과한 욕심을 내지 않게 되고, 눈앞에 있는 내가 할 수 있는 것에 집중하게 된다.

둘째는 목표 시기를 정해놓고 그때까지만 버티는 것이다. 내가 작업한 프로젝트 기간은 3개월이었다. 하루하루는 지옥같이 길지만, 어느새 정신을 차리고 보니 3개월이 훌쩍 지나가 있었다. 이직했을 때도 새로운 회사에 출근하자마자 너무 힘들었던 순간이 있었는데, 그때 스스로 최소 기한을 줬다. '이직하자마자 또 그만두면 안 되니까, 1년만 참아보자'였다. 목표 기간만큼 버텨보고, 그래도 정 아니다 싶으면 그때는 후회 없이 떠나자고 생각했다. 내가 선택해서 온 직장과 직업이니 부딪혀봐야 후회가 없다.

이렇게 시간을 정해놓으면 마법 같은 효과가 있다. 하루하루 시간이 갈수록 버텨야 하는 시간은 점점 짧아지는 것이다. D-100, D-30… 날짜를 세다 보면 처음에 그렇게 힘들었던 문제가 어느 정도 해결되어 있기도 하고, 상황이 조금 변해 있기도 한다. 만약 아무것도 변하지 않았고 여전히 힘들다면, 정해진 그날에 처음에 결심했던 대로 미련 없이 떠나면 된다.

일잘러도 가끔은 버티기 모드에 들어가요

눈이 올 때는 바로 눈을 쓸지 말고, 눈이 그칠 때까지 기다려야 한다고 했다. 회사생활도 기다림의 시간이 필요하다. '싫으면 나가면 되지, 굳이 버틸 필요가 있나' 싶은 것이 요즘 사람들의 생각이라지만, 기다리고 버티다 보면 괜찮아진다는 어른들의 지혜를 한 번 믿어보는 건 어떨까. 적어도 회사생활을 몇 년 더 해본 나에게 그 기다림의 시간은 분명 나를 한 단계 더 성장시켰다. 그래서 나는 기다림에 담긴 지혜와 현명함을 믿는다.

그렇다고 아무것도 안 하고 마냥 버티라는 것은 아니다. 나를 위해 정해진 시간만큼 버텨보자. 버티기 모드에 돌입한 기간 동안의 꿀팁은 퇴근 후 머리를 완전히 비우는 것이다. 해방을 꿈꾸는 사람들의 이야기를 담은 JTBC 드라마 〈나의 해방일지〉를 보면 일에 치이고 사람에 치이며 하루하루를 힘들게 버티고 있는 주인공이 나온다. 그 와중에 회사 동호회 가입 압박까지 받게 되는데, 우여곡절 끝에 그녀는 '해방클럽'이라는 동호회를 스스로 만들고 자신을 힘들게 한 것들에서 해방하는 꿈을 기록하기 시작한다. 우리도 그녀처럼 힘듦에서 나를 해방시키는 시간을 가져보자.

하루가 회사로 꽉 채워진 것 같지만, 24시간 중 근무 시간은 8시간뿐이다(야근한다면 +α가 되겠지만). 남은 16시간은 회사에서 벗어나 평소 관심 있던 독서 모임, 탱고 수업, 헬스 트레이닝, 자전거 타기 등 나를 위한 시간으로 바꿔보자. 버티기 기간은 취미생활을 시작하기에 가장 좋은 시간이다. 괴로운 출근 시간에도 회사 생각은 일도 하지 말고 좋아하는 유튜브 영상을 보자. 그렇게 다른 것에 집중하다 보면, 내 삶의 중심인 것만 같이 느껴졌던 회사는 그저 삶의 일부일 뿐이었다는 것을 알게 될 것이다.

2

성과평가
만년 B등급의 늪

S, A등급의 비밀

크리스마스 캐럴이 거리를 가득 메우고 새로운 한 해를 준비하는 연말, 어김없이 성과평가 시즌이 돌아왔다. 매년 하는 성과평가인데도 적응되지 않는다. 우리 팀에 승진을 '해야만' 하는 사람이 있어 내가 불이익을 받을 때도 있고, 모든 평가가 어느 정도 운이 작용한다는 것도 잘 알고 있지만, 그래도 열심히 한 만큼 기대하게 되는 것이 사실이다. '일은 중간만 하고 월급이나 따박따박 받아야지'라고 월급루팡을 선언했지만, 은근히 기대하는 것을 보면 나도 인간인가 보다.

이 시기가 되면 찬바람만큼이나 회사에서도 사람들이 기민하게 움직인다. 누가 이번에 평가를 잘 받을 거라더라, 초고속 승진을 한다더라, 누구는 평가 잘 못 받으면 퇴사하겠다고 선언했다더라 하는 온갖 썰이 난무한다. 모두가 '월급으로는 절대 자산가가 될 수 없다'고 말하는 시대에도, '야, 나는 승진 관심 없다. 그냥 가늘고 길게만 다니고 싶다'라는 말이 뉴노멀이 된 시대에도, 평가는 모두에게 신경 쓰이는 문제다.

성과평가 시즌이 오자 후배 윤아가 말했다. "선배, 제가 우리 부서에서 솔직히 일을 제일 많이 하는 것 같은데, 왜 항상 평가만 받으면 B가 나오는지 억울해 죽겠어요. 물론 제가 엄청나게 일을 잘하지 않다는 건 알지만, 그래도 이 정도 했으면 한 번쯤은 A를 줄 수도 있는 것 아닐까요?"

B라는 것은 물론 못한 것은 아니지만, 그렇다고 잘했다는 의미도 아니다. 아무리 상대평가라지만, 1년 동안의 나의 노력을 인정받지 못한 느낌이어서 꽤 찜찜한 등급이다. 팀에 떡하니 버티고 있는 윗분들의 예쁨을 독차지하는 과장 때문일 수도 있고, 매번 승진에서 누락됐던 대리가 이번에는 순서가 되어서 또 그럴 수밖에 없었던 것일 수도 있지만, 윤아의 이야기를 객관적으로 들어보면 솔직히 말해 그녀에게는 평가를 잘 받을 만한 명분이 하나도 없었다.

성과평가 S나 A등급을 받는 친구들은 어떻게 일한 만큼 성과를 그대로 인정받을 수 있었던 걸까? 열심히 하는데도 좋은 평가를 받고 있지 못하다고 생각된다면, 지금 내가 하고 있는 일이 다음의 요건을 충족하는지 점검해보자.

1. 내가 올해 맡았던 업무가 우리 부서의 루틴한 업무인가? 팀 입장에서 '새로운 업무'를 하나라도 했는가?
2. 내가 했던 '일의 완성도'는 어느 정도였나? 내가 만든 보고서를 상사가 거의 재작업하지는 않았나?
3. 상사가 '나의 업적'을 인지하고 있는가? 혹시 임원이 나의 이름조차 모르고 있는 건 아닌가?

S, A등급 받는 3가지 비법

일잘러들이 '일을 잘한다'는 사실은 어떻게 그렇게 상사들에게 잘 어필되는 걸까? 사내 정치나 셀프 어필이라도 하고 다니는 걸까? 결론부터 이야기하면 그렇지 않다. 지금부터 '성과평가에서 높은 등급을 받기 위한 3가지 비법'을 소개하겠다. 일잘러들이 알면 '야, 이런 영업기밀(?)을 전체 공개하면 어떡해'라는 반응이 나올 만큼 찐 영업기밀이다.

첫째, (1년에 한 번이라도) 부서의 중요한 일을 해야 한다. 중요한 일의 기준에 대한 정답은 없지만, 보통은 높은 직급의 임원들이 관여되어 있고, 그들에게 보고가 되어야 하는 일인 경우가 많다. 가급적이면 그 중요한 일이 '새로운 일'이면 좋다. 재무회계 부서에서 결산하는 일이라든지, 마케팅 부서에서 매년 하는 프로모션을 맡아 진행한다든지, 영업 부서에서 평소 하는 상품으로 실적을 내는 것은 항상 해오던 업무라 아무리 열심히 해서 문제없이 일을 처리한다고 해도 그 성과를 크게 인정받기 어렵다.

그러니 새로운 변화를 위한 TF팀이나 경영진에게 직접 보고하는 과제의 기회가 있다면, 먼저 손을 들고 참여하자. 실무 책임자로 참여하면 좋지만, 팀원으로도 괜찮다. 어떻게든 발을 걸치는 게 중요하다. 기존 일도 많은데, 새로운 일까지 어떻게 하지 싶어 대부분의 사람들은 먼저 나서지 않지만, 일단 일을 시작하고 나면, 기존 일들은 어떻게든 정리되어 굴러가기 마련이다. 기존 일과 새로운 일을 함께 하다가 너무 힘들면 팀장에게 이야기해서 업무를 조율하면 된다.

일 못하는 사람들의 특징 중 하나는 새로운 일에 절대 먼저 도전하지 않는다는 것이다. 혹시 나도 새로운 일 앞에 내 일이 아니라며 뒤돌아 서 있지는 않았는지, 괜히 일만 더 많아질 뿐이라며 주어진 일만 죽어라 열심히 하지는 않았는지 생각해보자. 만년 B등급에는 분명 이유가 있다. 내년에는 새로운 일에 도전해 A등급 리그에 진출해보자.

둘째, (중요한 일을 맡았다면) 완성도를 보여줘야 한다. "저는 완성도 있게 일하는 편이라고 생각하는데, 왜 B를 받을까요?"라고 반문한다면, 본인의 결과물이 어느 정도 수정되어 최종 보고가 되는지 냉정하게 돌아보자. 일잘러들의 결과물은 초안의 틀(구조)이나 핵심 내용에 상사의 의견이 일부 반영되어 완성된다. 이는 일잘러들의 초안이 완벽하기 때문이 아니다. 그들은 초안을 작성할 때 팀장이나 상사와 함께 논의해가며 작업하기 때문에 상사와 방향이 달라 결과물을 뒤집거나 재작업해야 하는 일이 거의 없다.

일을 못하는 사람들은 혼자 낑낑대며 초안을 만든다. 다행인지 아닌지 열에 하나 정도는 상사와 방향이 맞아 통과되기도 하지만, 대부분은 완전히 엉뚱한 방향으로 잡아 오거나 수정해오라고 했는데도 상사의 방향을 이해하지 못하고 여전히 본인 생각대로 수정한다. 이럴 경우 상사는 포기하고 '그냥 나한테 주세요'라고 할 것이다. 이렇게 되면 아무리 열심히 일했어도 결국 상사가 일한 꼴이된다. 이것은 본인의 성과가 아니다. 나의 노력이 나의 성과로 이어지려면 상사를 괴롭혀서라도 여러 번 피드백을 받아 어느 정도의 완성도를 갖춰야 한다. 그래야만 팀원 모두가 '그 일은 당신이 거의 다했지' 하고 나의 성과로 인지한다.

셋째, 나의 존재감을 어필해야 한다. 상사에게는 관리해야 할 직원들이 많고, 그 직원들은 모두 다른 업무를 한다. 그렇다 보니 누가 어떤 일을 했는지 상사의 머릿속에 기억 남는 사람은 개중에 그래도 중요한 일을 하고 있는 사람일 것이다. 아니면 상사가 개인적으로 관심 있어 한 직원이거나. 만약 내가 둘 중 하나에도 속하지 않는다면, 일하는 중간중간에 '저 여기 있어요! 저 이런 일 하고 있어요!'라고 계속 알려줘야 한다.

팀장이야 나를 당연히 알겠지만 부서 임원이 내 이름조차 모른다면, 또는 내가 무슨 일을 하는지 모르고 있다면, 절대 A등급 리그에 진출할 수 없다. 기껏 해봐야 B 이하다. 평가는 팀장이 하더라도 결과를 결정하는 일에는 임원도 의사결정 지분을 가지고 있기 때문이다. 그러니 내년에는 우리 부서 임원에게 먼저 인사해보자. 인사만 잘해도 사회생활의 반은 먹고 들어간다는 말이 뻔한 말이 아님을 경험하게 될 것이다.

나는 신입 뽀시라기 시절부터 인사 하나는 정말 잘했다. 입사 첫날부터 "전무님, 안녕하십니까. 저는 ○○팀 장은영입니다. 혹시 이름 모르실까 봐 먼저 인사드립니다"라고 파이팅 넘치게 인사했다. 물론 그때는 인사의 중요성을 몰랐기에 전략적으로 한 행동은 아니었다. 그저 그 사람은 내가 누군지 모를 테니 알려드린 것뿐이었다. 임원들은 젊은 신입사원의 패기 넘치는 인사에 처음에는 어색하게 "아, 예. 안녕하세요" 하고 지나갔지만, 몇 번 반복되면 "반 갑네. ○○팀이지?"라면서 팀을 기억했고, 시간이 더 지나자 "장은 영 씨는 그 팀에서 무슨 일을 하고 있나?"라면서 나를 기억하기 시 작했다.

임원이라고 하면 신입사원과는 엮일 일 없을 것 같지만, 생각보 다 오며 가며 마주칠 일이 더러 생긴다. 인사 하나로 임원이 내 얼 굴을 익히고 나의 팀과 나의 일에 관심을 갖는다면 이보다 거저먹 는 일이 있을까. 그렇다고 해서 일도 똑바로 안 하면서 사내 정치를 하라는 의미는 절대 아니다(나는 실제로 그런 사람들을 싫어한다). 적어 도 내가 한 일을 윗사람이 알 수 있도록, 성과평가를 할 때 내 업적 이 과소평가되거나 누락되는 일은 없도록 해야 한다는 것이다.

일잘러 평가서 엿보기

그렇다면 S, A등급을 받은 사람들의 평가 결과는 어떨까? 일잘러 들의 평가 결과를 살펴보자.

- 우리 부서에서 가장 큰 규모의 전략 프로젝트에 핵심 팀원으로 참여하 여 좋은 결과물을 이끌었으며, 고객으로부터의 피드백도 우수함. 후배 들에 대한 코칭도 잘하여 본부 전체에 기여한 바가 큼
- 대리 직급에도 불구하고 전사 시스템 도입 TF팀에서 파트 리더를 담

당함. 여러 이해관계자들을 잘 조율하여 성공적으로 프로젝트를 마무리했음. 법률 환경 변화에 따른 사내 규정 및 문화 개선 업무에 참여하여 역할을 잘 수행함과 동시에 직원들의 목소리를 회사 정책에 잘 반영했다는 임직원들의 평가를 받음

억울하지만, '될놈될'이라는 말은 성과평가에서도 적용된다. 얄미워도 어쩔 수 없다. 일 잘하고 늘 성과평가를 잘 받는 사람들은 '성과평가 잘 받는 법 3가지'가 생활화되어 있다. 타고난 것도, 전략적으로 행동한 것도 아니라 자연스럽게 그렇게 일을 한다. 그래서 계속해서 평가를 잘 받는 것이다. 만약 B등급의 굴레에 빠져 있다면, 앞에 소개한 3가지 방법을 하나씩 실천해보자. 그동안 남 일 같았던 연말 보너스 잔치를 경험할 수 있을 것이다.

3

팀에서 내가
쓸모없는 사람이라 느껴진다면

포지셔닝 잘하는 법

어느 날 후배 준수가 우울한 얼굴로 나를 찾아와서 고민을 털어놓았다. "선배, 저는 지금 팀에서 쓸모없는 사람이라고 느껴져요. 제가 한 일은 항상 사수가 다시 작업하고, 그러다 보니 주변에서 제 능력을 무시하는 것 같아요. 다른 사람들은 바쁜 것 같은데, 저한테는 일도 별로 안 와요. 어떻게 해야 할까요?"

내가 아는 준수는 IT에 대한 지식도 많고, 언제나 다양한 아이디어가 넘쳐 보였다. 무엇보다 성실해서 장점이 많은 친구인데, 역량을 발휘할 기회가 주어지지 못해 참 안타까웠다. 준수의 업무 결과가 팀에 도움이 되는 방향으로 잘 전달되고 있지 않은 것이 분명했다.

"지금 네가 팀에서 포지셔닝이 잘 안 되고 있는 것 같아."

누군가 "회사에 적응했어?"라고 묻는다면 그것은 포지셔닝을 잘했는지를 묻는 것이다. 포지셔닝positioning은 마케팅 분야에서 중요한 단어지만, 제품이나 서비스를 마케팅할 때만 하는 것은 아니다. 사람도 어느 조직에서든 포지셔닝을 잘해야 한다. 잭 트라우트 Jack Trout와 알 리스Al Ries가 쓴 《포지셔닝》에서는 포지셔닝을 '잠재 고객의 마인드에 해당 상품의 위치를 잡아주는 것'이라고 했다. 조직으로 보면 조직을 구성하고 있는 사람들의 마인드에 '나'라는 사람이 이런 일을 하고 있고, 이런 일을 잘하는 사람이라고 위치를 잡아주는 것이다. 그러므로 신입사원뿐만 아니라 경력직도 새로운 조직이나 회사로 옮겼다면 포지셔닝을 꼭 해야 한다.

만약 포지셔닝이 제대로 되지 않았다면, 첫째는 내가 잘 못하는 일을 맡았기 때문이고(내가 잘 못하는 일을 맡으면 성과도 잘 나오지 않는다), 둘째는 내가 잘하는 일이 나에게 오지 않아서다(왜 내가 잘하는 일은 꼭 다른 사람에게 갈까).

미생에서 완생으로 가는 2가지 방법

준수의 이야기로 돌아가면, 그가 잘 못하는 보고서 작성 업무가 그에게 자꾸 주어지고, 그렇다 보니 계속 혼나고 능력을 펼칠 기회조차 오지 않는 억울한 상황이다. "팀장님, 저는 데이터 분석 업무를 더 하고 싶어요"라고 팀장에게 말했지만, 돌아온 답은 "지금 네가 맡은 일부터 잘 끝내고, 새로운 일 이야기하세요"였다. 보고서 작성 업무는 백날 해도 잘 끝낼 수가 없는 일인데, 스트레스를 받아서인지 일은 더 하기 싫고 그러니 업무 성과가 잘 나올 리 없다.

준수는 자신이 잘하는 일을 배정받아 히어로처럼 짜-잔 하고 조직의 핵심 인재로 떠오르고 싶었는데, 현실에서 그 꿈은 점점 더 멀어져만 가는 것 같다. 그런 준수에게 내가 제안한 방법은 '팀 내에서 포지셔닝 하기'다. 업무적으로 포지셔닝할 때는 2가지만 이해하면 된다.

첫째, 맡은 일에 대해서는 기본은 해야 한다. 내가 잘 못하는 일이라도 일단 맡은 이상 기본만큼은 해내야 한다. 하기 싫고 못 하겠다는 불평 불만만 가지고 대충 하면 나의 역량을 발휘할 기회조차 얻지 못하고 기본 역량도 없는 사람으로 낙인찍힌다. 조직은 이런 사람에게 새로운 일을 절대 주지 않는다.

주방에 일을 배우러 들어가면 처음 몇 년간은 설거지만 해야 한다고들 한다. 이는 일의 기본이자 배울 자세가 되어 있는지를 테스트하기 위한 것이다. 지금이 어떤 시대인데 이런 말을 하냐고 할 수 있겠지만, 무언가를 배울 때 기본을 갖추고 시작해야 한다는 본질은 바뀌지 않는다. 여전히 '단계적 테스트' 과정은 존재한다.

그러므로 잘하려고 스트레스 받을 필요 없다. 잘하지 못하는 영역의 일을 맡았다면, 기본 또는 기본보다 조금 높은 수준만 욕심내면 된다. 아무도 나에게 최상의 퀄리티를 기대하지 않는다. 잘 모르겠다고 생각되는 부분은 선배에게 묻고 동료들에게 물어가면서 기본 정도만 해보자. 그러다 보면 점차 팀장이나 다른 동료들의 마음속에 '음, 저 친구 기본은 하네'라는 생각이 자리 잡힐 것이다. 맡은 일도 잘 못해내면서 '저 이거 말고요, 이거 잘해요. 이거 맡겨주세요'라고 어필해봤자 선배들의 눈에는 '쟤는 기본도 못하면서 새로운 걸 달래'라고 생각될 뿐이다.

둘째, 잘할 수 있는 작은 일부터 기회를 잡고 해내면 된다. 첫 번째 단계를 어느 정도 해냈다고 생각한다면, 1차 포지셔닝 성공이다. 이제 확실한 포지셔닝을 할 차례다. 내가 잘할 수 있는 업무에 손을 들어라. 처음부터 엄청난 일을 맡는 것보다 작은 일, 난이도가 높지 않은 일이라도 내가 완성도 있게 할 수 있는 일을 맡아라. 큰 욕심을 부리기보다는 차근차근 일을 완성도 있게 해내면서 자신감을 쌓고 확대해가는 것이 좋다. 팀에서 다른 사람보다 내가 특히 잘

할 수 있는 일이면 더 좋다.

예를 들어, 준수는 IT 툴Tool에 대한 교육 자료를 만드는 일을 맡게 됐다. 다들 본업에 바빠서 교육 자료 만드는 일은 하고 싶어하지 않았을뿐더러 준수가 강점을 갖고 있는 부분이었기에 그에게는 더할 나위 없이 좋은 기회였다. 기존에 맡고 있는 업무는 잘하는 일은 아니었기에 기본 정도만 했지만, 새롭게 맡은 업무는 완성도 있게 할 자신이 있었다. 결과적으로 팀 내에서 '내가 기여한 업무'가 생겼고, 팀장과 팀원들의 인정을 받았다. 그렇게 내 업무 영역을 만들고, 포지셔닝하면서 하나씩 새로운 업무를 추가해나가면 된다.

바둑판 위에 의미 없는 돌이란 없다

준수는 팀 모두가 전략보고서를 쓰고 리서치에 집중할 때, 자기 일을 묵묵히 하면서도 추가 시간을 만들어 IT 교육 툴 영상을 제작했다. 그의 보고서 결과물은 여전히 동료들보다 미흡했지만, 부족한 점을 고쳐가면서 기본을 해내려는 그의 노력은 이전보다 잘 드러났다. 후일담을 전하자면, 그가 만든 교육 동영상은 의외로 고객들에게 호평을 들었다. "쉽고 재미있게 잘 만들어진 것 같아요." 팀장과 팀 사람들도 그제야 '준수'라는 사람에 대해 관심을 갖기 시작했다.

별것 아닌 업무였다고 생각할 수 있지만, 적어도 준수는 그 프로젝트에서 '교육 자료를 기획하고 만드는 데 기여했음'이라는 성과를 얻었다. 그전까지 다른 사람들과 같은 일을 하느라 매번 저평가받았던 것과 사뭇 다른 결과다. 인정받았으니 이제 다른 업무 영역으로 차근차근 옮겨가며 자신의 장점을 극대화하면 된다.

누군가의 머릿속에 '나'라는 사람과 '내가 하는 일'을 인지시키는 일은 생각보다 쉽지 않은 과정이다. 한 번에 될 거라 생각하면 안 된다. 《하루를 48시간으로 사는 마법》이란 책을 쓴 MBC 아나운서 이재은 씨도 처음에는 아나운서로서 역량이 부족한 것 같고 민폐를 끼치는 것 같아 속상했지만, 작은 일부터 충실하게 해나가며 최선을 다했다고 한다. 현재 그녀는 MBC 대표 아나운서 중 한 명이다. MIT 경영학 교수 피터 센게Peter Senge도 "모든 위대한 일은 작은 시작에서 출발한다"고 했으니 우리도 시작해보는 거다.

tvN 드라마 〈미생〉에 "바둑판 위에 의미 없는 돌이란 없다"라는 명대사가 있다. 조직 내에서 쓸모없는 사람은 단 한 명도 없다. 아직 쓸모 있는 자리를 못 찾은 것일 뿐. 나의 쓸모는 누가 대신 만들어주진 않는다. 스스로 찾고 증명해가며 포지셔닝해야 한다. 그렇게 나만의 영역이 생기고 인정받기 시작하면, 업무도 재미있어지고 좋은 평가는 덤으로 따라올 것이다.

이유 없이
미움 받을 때도 있다

상사와의 갈등에 대처하는 법

"상사가 저를 다른 사람 앞에서 무시하고, 무능한 사람 취급해요. 회의할 때는 제 의견을 의도적으로 묵살하기도 하고요. 가끔은 인신공격도 서슴지 않아요. 이거 직장인 괴롭힘 맞죠? 이러고 회사 다니는 게 맞는지 모르겠어요. 아침에 눈뜨기 싫고, 회사 가는 게 정말 괴로워요."

후배 찬희의 고민 상담이었다. 착하고 성실한 찬희가 굵은 눈물을 뚝뚝 흘리는데, 듣는 내 마음도 아팠다. 여러 사람이 모여 있는 회사, 직급체계가 존재하는 회사라는 조직에 있다 보면 누군가에게 미움을 받거나 공격받을 때가 있다. 당연히 나도 그런 경험이 있다. 후배 찬희에게 내 이야기를 들려줬다.

상사가 나를 불합리하게 대할 때

새 프로젝트를 시작했는데, PM이 나와 같은 직급이었지만 경력은 더 오래된 남자 선배였다. 나중에 알게 됐지만, 그는 입사하면서 경력이 깎여 조직에 불만을 가지고 있었다고 한다. 프로젝트를 하다 보면 방향에 대해 언쟁이 생기는 경우가 자주 있는데, 그날 그의 말투는 아무리 이해해보려고 해도 정말 너무 비꼬기식이었다. 그날뿐 아니라 처음부터 그는 나를 곱게 보지 않았다. 아무튼 '그 사건'은 그날 벌어졌다.

회의 때였다. 내가 어떤 안건에 대해 의견을 냈는데, PM의 의견과 다른 방향이었다. PM은 "예예, 알아서 하세요. 전 뭐 프로젝트가 어떻게 되든 상관없으니까요"라며 자기 마음에 들지 않는다는 것을 대놓고 표현했다. 나는 속으로 꾹 참고 최대한 정중하게 "PM님, 제 말은 그런 뜻이 아닙니다. 제 생각에는 고객이 이런 측면을 중요하게 볼 것 같아서 의견을 낸 겁니다. PM님이 아니라고 판단하시면 반영하지 않아도 되는데, 전 그냥 제 의견을 말씀드린 거예요"라고 답했다. 그런데 그는 계속 "예예, 알겠습니다. 저는 그냥 손 뗄

게요. 마음대로 하세요"라며 빈정대듯 웃는 것이었다.

그즈음 알게 모르게 PM이 나를 계속 그렇게 대한다는 느낌이 있었는데, 그날은 나도 참다못해 터져 버렸다. "아니, 프로젝트 하면서 서로 다른 의견을 내기도 하고, 그걸 취합하고 토론해서 방향을 잡으면 되는데, 무슨 문제가 있나요? 왜 제 의견을 자꾸 왜곡해서 받아들이세요?" 하지만 그는 계속해서 같은 태도를 취했고, 둘의 목소리는 점점 커지기 시작했다. 결국 듣고 있던 상무님이 "둘다 나오세요" 하고 나와 PM을 불러냈고, 우리는 교실에서 싸우다 걸린 학생마냥 질질 끌려가서 면담했다.

하지만 그 후에도 상황은 좋아지지 않았다. 이번에는 PM이 아주 노골적으로 나를 피해 다녔다. 뭐라고 이야기하고 다니는 건지 주변 팀원들은 내 눈치를 보기 시작했고, 나는 그와 다툰 건 그렇다 치더라도 팀원 전체가 눈치를 보는 건 아닌 것 같다는 생각에 내가 먼저 굽혀야겠다고 생각했다. "선배님, 잠깐 이야기 좀 하시죠" 하고는 조용히 밖으로 나갔다. "제가 의견을 낸 게 혹시 선배님이 생각하는 방향에 반대하는 의도처럼 들렸거나 언짢았다면 정말 죄송합니다. 저는 프로젝트가 잘되기를 바라는 마음에서 열심히 하느라 의견을 낸 건데, 최종 결정은 늘 PM인 선배님의 의견을 따르려고 생각하고 있습니다. 제가 그렇게 위아래 없는 사람은 아니고, 다른 욕심이 있는 것도 아닙니다. 그 부분은 오해하지 않았으면 좋겠습니다."

사람들 앞에서 한 번 크게 붙었기에 내가 더 강경하게 나가는 것보다 '그래도 후배니까' 먼저 굽히기를 선택했다. 그리고 그는 처음으로 아주 솔직하게 답해주었다. "사실 나도 프로젝트 시작할 때쯤 하도 주변에서 장은영 님 잘한다, 잘해줘라, 하니 얼마나 잘하나 지켜봤던 것도 있어요. 의견이 너무 강한 것 같아서 불편하기도 했고, 오해도 좀 있었던 것 같은데, 이렇게 말해주니 좀 이해가 되는 것 같기도 하네요."

그렇다. 그는 딱히 이렇다 할 이유 없이 날 미워하고 있었다. 다행인 건 속 터놓고 이야기하고 나자 팀워크가 회복됐다는 것이다. 만약 내가 PM의 행동에 꽁해서는 말도 안 하고 가만히 있었다면 어떻게 됐을까? 아마 프로젝트 기간 내내 정말 괴로웠을 것이다(애꿎은 팀원들에게도 지옥 같은 시간이 됐을 것이다).

나는 회사에서 절대 싸우면 안 되고, 최대한 다른 사람 의견에 내 의견을 맞추는 편을 택해왔지만, 이 사건으로 모두가 나와 같은 생각을 하는 건 아니고, 내가 그렇게 한들 나를 존중해주지도 않는다는 것을 깨달았다. 대놓고 나를 공격하거나 무시하는 사람도 있지만, 이렇게 나도 모르게 혹은 이유 없이 나를 미워하는 사람도 존재한다. 분명 싸움은 좋은 것이 아니지만, 적어도 회사에서는 부당한 행동이나 빈정거림에 가만히 있는 것은 좋은 방법이 아니다. '가만히 있는 호구보다는 미친놈/미친년이 낫다'는 말이 괜히 있는 것이 아니다.

우리는 늘 형제자매와 싸우지 말고, 친구와 싸우지 말고 사이좋게 지내야 한다고 배우며 컸지만, 그게 꼭 최선의 방법은 아닐 때가 있다. 내 경험상 회사에서는 막상 한번 붙고 나면 오히려 서로 이해의 폭이 넓어지는 경우도 있다. 나를 무례하게 대했던 사람들이 나를 조심하게 대하는 계기가 되기도 해서 더 큰 싸움이 벌어지지 않기도 하고 괜한 일로 스트레스 받는 일도 줄어든다.

직장 내 괴롭힘에 대처하는 법

나는 싸움을 좋아하지 않는다. 조금이라도 회사에서 갈등이 있었던 날에는 내내 기분이 좋지 않고, 그 생각이 머리에서 떠나지 않기 때문이다. 싸움이 너무 싫어서 차라리 퇴사할까 고민했을 정도다. 무엇보다 회사에서의 싸움은 너무 유치하다. 이건 뭐, 다 큰 어른들이 초등학생들처럼 싸운다.

하지만 회사생활이란 게 아무리 피해도 싸워야만 하는 상황이 온다. 그럴 때 나는 피할 필요는 없다고 생각한다. 단, 논리적으로 싸울 수 있도록 치밀하게 준비해야 한다. 맞서 대응하지 않으면, 할 말을 똑바로 하지 않으면, 상대는 계속 시비를 걸 테니 말이다. 특히 상사와 싸울 때는 몇 가지 기술이 있다.

첫째, 폭언은 그대로 반복해서 들려줘야 한다. 습관적으로 폭언하는 상사에게 나는 이렇게 대처했던 적도 있었다. 어느 날 갑자기 흥분한 상사가 전화로 "지금 장난해? 짜증 나 죽겠네. 이거 지금 나 엿 먹으라고 하는 거야?"라고 하길래 나는 "아니오, 상무님. 장난하는 거 아니고요. '엿 먹으라' 그런 의미는 더더욱 아닙니다" 하는 식으로 그의 말을 반복해주었다(물론 그 말을 할 수 있을 만한 사람이라고 생각해서 한 것이지 절대 남용해서는 안 된다). 그 말을 들은 상사는 처음에는 기가 막혀 하더니 더는 나에겐 그런 식으로 말하지 않았다. 막상 말하는 사람은 자신이 어떤 식으로 말하고 있는지 인지하지 못하는 경우가 많으므로 어떻게 말하고 있는지 알게 해줄 필요가 있다.

둘째, 기분 나쁘다는 것을 업무적으로 표현해야 한다. "상무님, 제가 지금까지 자세히 설명해드렸는데도 왜 자꾸 안 들으시고 직급으로 찍어 누르시는 겁니까. 저번에도 그러셨고 이번에도 그렇고, 너무 심하신 것 아닙니까." 주류업계 최초 여성 팀장인 유꽃비 팀장은 자신이 쓴 책 《프로일잘러》에서 "상식 이하의 언행으로 나를 힘들게 하는 빌런을 만났을 때는 업무적으로만 상대하라"고 했다. 직장 괴롭힘 고발의 대상으로 입방아에 오르내리는 상사들을 보면 하나같이 강약약강(강한 자에게 약하고, 약한 자에게 강함) 스타일이다. 그들에게 내가 '약한 자'가 아님을 보여줘야 한다. '아, 얘는

밟으면 꿈틀하는 애구나' 하는 느낌을 주는 것이 필요하다.

셋째, 상사의 상사에게 인정받으면 된다. 베스트셀러 작가 박소연의 책 《일 잘하는 사람은 단순하게 합니다》에서도 이 방법을 제시했는데, 그 내용을 보고 무릎을 탁 쳤다. 나도 모르게 이 방법으로 정말 힘들었던 상사들과의 갈등에서 벗어났던 적이 몇 차례 있었다. 다만, 이 방법은 시간이 꽤 많이 걸리고 쉽지 않다. 나보다는 빌런 상사가 윗사람들과 관계를 이미 잘 형성해두었기 때문이다. 하지만 나를 괴롭히는 상사의 상사가 나를 인정하는 순간, 그 빌런 상사가 나를 괴롭힐 수 있는 영역은 확연히 줄어든다. 이보다 확실한 방법은 없다.

회사는 각계각층의 수많은 사람들이 모여 있는 곳이다. 모든 사람이 나를 좋아할 수는 없다. 기시미 이치로와 고가 후미타케가 쓴 《미움받을 용기》에서는 "10명 중 1명은 날 비판하고, 2명은 나의 벗이 되고, 7명은 이도 저도 아닌 사람들이다"라고 했다. 10명 중 1명 때문에 내가 그렇게 스트레스 받았다는 의미다. 그러니 나쁜 상사들은 최대한 무시하려고 노력해보자.

팀이나 회사를 옮기는 등 내 의지로 상사를 피하는 방법도 있다. 당장 그럴 수 없다면 가급적 일찍 퇴근하자. 일찍 퇴근하고 집에 와서 회사 스위치를 끄고 내 개인 생활에 집중해보자. 그런 상황이나 사람 때문에 고민하는 것은 내 시간도 에너지도 너무 아까운 일이다.

혼자
끙끙 앓지 마세요

현명하게 면담하기

최근에 후배들이 유독 힘들다는 이야기를 많이 해왔다. '최근에'라는 말을 썼지만, 요즘은 누구나 회사 다니면서 고민이 많은 것 같다. 팀에서 본인만 일이 많다고 말하는 후배 주완이와 본인에게 일이 오지 않는다는 후배 진아의 이야기를 들어보자.

주완: 우리 팀에서 저한테만 일이 와요. 업무 속도가 늦은 편도 아닌 것 같은데 저만 매일 거의 밤 12시까지 야근해요. 다른 팀원들은 괜찮

직장인 고민 상담소?

아 보이는데, 저 혼자 고생하고, 저 혼자 바쁘다니까요. 왜 저한테만 이렇게 일이 몰리는 건지 모르겠어요. 너무 힘들어서 그만둘까 봐요.

진아: 저는 지금 3년 차인데, 하는 일은 신입 때 하던 일 그대로예요. 저도 다른 동기들처럼 연차에 맞게 좀 더 난이도 있는 일을 하고 싶은데, 맨날 제자리예요. 팀장님은 제 성장에는 관심도 없어 보여요. 이직해야 할까요?

"상사하고 면담해봤어?" 두 사람의 이야기를 듣고 내가 가장 먼저 한 질문이었다. 주완이는 "그런 걸 이야기해도 될까요? 그런 것 가지고 면담을 해도 되는 건지 모르겠어요"라고 했고, 진아는 "밥 먹을 때나 커피 마실 때 살짝 이야기하긴 했는데, 팀장님이 그런 이야기는 별로 귀담아듣지 않으시더라고요"라고 답했다. 마음속에서 또 조언 오지랖이 꿈틀꿈틀 한다.

힘들 때 면담을 해야만 하는 이유

"면담은 '그런 걸'로 하는 거야. 그리고 그냥 스치듯 이야기하는 게 아니라 진지하게 요청해야 해. 너의 심정을 말하라는 게 아니라, 뭐가 문제고, 무엇을 원하는지 정확하게 말해야 해."

내가 이렇게 조언한 이유는 회사에서 벌어지는 모든 일이나 우리가 느끼는 감정들은 비단 혼자만의 문제가 아니기 때문이다. 그 원인과 결과에는 나의 문제가 있을 수도 있고, 팀의 문제가 있을 수도 있으며, 상사의 문제가 있을 수도 있다. 혹은 서로 인지하지 못했거나 배려하지 않았던 요인이 있었을 수도 있다. 다시 말하면, 원인을 알면 해결법을 찾을 수 있다는 말이다. 간혹 회사 안에서 벌어지는 갈등은 더 풀기 어렵다고 여기는 사람들이 있는데, 오히려 개인 간의 갈등은 감정싸움이라 감정의 골이 깊어지면 해결책을 쉽게 못 찾는 경우도 있지만, 회사는 '일'이라는 것으로 엮인 공적인 공간이므로 감정보다는 이성적으로 해결할 수 있는 부분들이 꽤 많다. 그리고 이를 들어주고 해결하는 것이 팀장과 상사의 의무이자, 그들이 팀원보다 월급을 더 많이 받는 이유다.

주완이와 진아의 사례에서 찾을 수 있는 원인에는 2가지 가능성이 있다. 정말로 주완이나 진아가 느끼는 것처럼 그들에게 일이 지나치게 많거나 없는데, 상사가 이걸 미처 몰랐던 것이다. 그 경우 문제는 의외로 쉽게 풀린다. 상사가 문제를 인지하면 일을 조정해 줄 수 있기 때문이다.

두 번째 가능성은 좀 복잡한데, 주완이나 진아가 느끼는 현상의 원인이 따로 있는 것이다. 주완이의 경우 실제로는 다른 팀원 대비 일이 많은 것이 아닌데, 일하는 방법이 잘못되어 너무 오랜 시간 일을 붙잡고 있는 것일 가능성이 있다. 진아는 신입 수준의 간단한 일을 늘 제대로 처리하지 못하고 실수가 많다 보니, 상사가 볼 때 더 어려운 일을 줄 수 없었을 가능성이 있다.

하지만 이는 가능성일 뿐 각자의 사정이나 조직의 상황은 전부 다르므로 이럴 때 가장 먼저 해야 하는 것은 상사와의 정확한 면담이다.

상사와 면담을 준비하는 4단계 방법

면담에는 생각보다 많은 준비가 필요하다. 바쁜 상사와의 면담은 단순한 대화나 수다가 되어서는 안 되고, 상사에게 어퍼컷을 날려 한 방에 그를 설득해야 한다. 변호사가 법정에서 감동적인 변론으로 판사와 배심원들을 설득하듯 면담도 비슷하다. 상사의 마음을 흔들고 공감과 동의를 얻어내야 한다. 면담을 준비하고 진행하는 4단계 방법을 소개하겠다.

1단계. 현재의 문제점과 건의 사항 적기

빈 종이나 워드 파일을 켜고 현재 내 문제 상황에 대해 냉정하고 객관적으로 적어야 한다. 더 나은 표현을 고민하며 우회적으로 쓰지 않고 정확하게 본인의 생각을 적는 게 포인트다. 문제를 수치화하는 것도 좋다. 그리고 문제에 대해 자신이 생각하는 해결 방안과 상사에게 건의할 사항을 함께 적는다. 중간에 현재 나의 감정이나 건강 상태가 어떻게 안 좋고, 얼마나 힘든지도 적어주면 이해를 구하는 데 도움 된다.

	주완	진아
문제	• 업무량 과도함. 이로 인해 스트레스도 심하고 건강도 상하고 있음 (목 디스크) • 지난 석 달간 맡았던 업무는 고객 서베이 기획, 취합, 분석, 보고서 작성으로 거의 주 3일 자정까지 야근함 • 다른 팀원들이 도와주긴 했지만 큰 도움은 안 됨 • 다른 팀원들은 저녁 8시면 퇴근해서 억울한 감정이 듦	• 3년 차인데 신입 때부터 같은 업무만 함. 동기부여가 안 되고, 일에 대한 흥미도 떨어짐 • 하루 중 3~4시간 정도 서류를 회사 시스템에 등록하고 검토하는 업무를 하고 있음(주로 매일 10개 서류 등록). 나머지 시간에는 상사들이 필요한 일을 요청하지만, 항상 일이 있는 것은 아님 • 옆 팀 강 대리는 같은 3년 차인데 벌써 결재 업무에 투입됐음
건의 사항	• 일의 양을 조절했으면 함. 고객 서베이 업무에 한 사람이 더 전담자로 투입되면 좋겠음 • 지금 맡은 일의 데드라인을 조금 더 길게 설정했으면 좋겠음	• 다른 대리급들이 하는 결재 업무에 투입되고 싶음

2단계. 상사의 말을 추측하고, 대안 준비하기

하지만 자기 생각에 기반해서 적은 문제점과 건의 사항만으로는 면담을 원활하게 진행할 수 없다. 상사 입장에서는 '그건 네 생각이고' 하며 잔소리만 늘어놓을 수도 있다. 때문에 2단계에서는 역지사지 마인드를 갖춰야 한다. 스스로 입장을 바꿔놓고 생각해보거나 주변에 가까운 선배가 있다면 물어보자. 상사들끼리는 어느 정도 생각이 비슷한 경향이 있으므로 그들의 도움을 받아 대안을 준비하는 게 좋다.

예를 들어, 주완이는 '혹시 내 업무 방식 중에 고쳐야 할 것이 있지는 않은지' 스스로 돌아볼 필요가 있다. 아무리 생각해봐도 잘 모르겠다면 다시 나를 찾아온 주완이에게 나는 "내가 예전에 너를 봤을 때 단순 업무인데 3~4시간을 붙들고 하나하나 눈으로 확인하더라고. 꼼꼼한 건 좋지만, 큰 틀에서 점검하고 나면 어느 정도의 실수는 감안하더라도 기한 내에 넘기고 상사의 피드백을 받아보는 것도 좋지 않을까 싶어"라고 조언해줬다.

이건 내 생각이긴 하지만, 아마 주완이의 상사도 그의 업무 방식에 문제가 있다고 말할지도 모른다. 그렇다면 주완이는 이에 대비해 상사에게 현재 일이 버겁다고 이야기하면서 혹시 자신의 업무 방식에 문제가 있다면 조언해달라고 도움을 요청하는 것이 좋다. 누군가에게 문제를 제기하고 건의할 때는 너무 자신의 입장에서만 말하지 말고, 자신도 이러한 부분은 고치겠다고 말해야 상호 도움이 되는 면담이 된다.

3단계. 진지하게 면담 신청하고, 정확하게 말하기

이 정도 준비했으면, 이제 면담만 남았다. 정확히 알아야 할 것은 상사와의 면담은 수다가 아니라 보고와 설득이라는 것이다. 웃으면서 좋게 말하면 상사의 귀에는 '제가 좀 힘들어요. 잉잉' 하는 것으로밖에 안 들린다는 것을 명심해야 한다. 상사는 수많은 면담을 해본 베테랑이어서 내 말을 '징징댐'이라고 정의하면 우선순위에서 미뤄둔다.

상사는 이 친구가 정말 퇴사까지 생각할 정도로 절박하다는 것이 느껴져야 그때부터 생각을 시작한다. 나는 면담을 할 때 내가 작성한 종이를 그대로 들고 가서 하나하나 설명하기도 했다. "본부장님, 죄송한데 제가 정확히 차근차근 말씀드리고 싶어서 내용을 정리해봤습니다. 보면서 좀 설명하겠습니다"라고 하면 상사도 이해한다. 웃음기 빼고 진지하고 냉정하게 말해야 한다.

4단계. 변화된 상황을 지켜보고, 충분치 않으면 또 면담 신청하기

면담했으니 끝인 줄 알았겠지만, 아니다. 보통 면담 한 번으로 상황이 호전되지는 않는다. 간단히 풀릴 문제였다면, 그렇게 힘들지 않았을 것이다. 나는 면담은 최소 2번 이상은 해야 한다고 생각한다. 상사를 물고 늘어질 필요가 있다.

두 번째 면담에서는 첫 번째 면담 이후 받은 배려에 대해 감사의 인사를 꼭 하면서 '그럼에도 불구하고 나는 이런 점은 여전히 힘들다'는 이야기를 나의 노력과 함께 말해야 한다. 그리고 다시 한 번 상황을 바꾸기 위해 상사와 함께 노력해보자. 첫 번째보다는 조금 더 나아질 것이다.

최근 직책자나 임원들이 많이 하는 말은 "요즘 애들은 이야기를 진짜 안 해"라고 한다. 반은 맞고 반은 틀리다. 상사들이 들을 자세가 안 되어 있기도 하고, 주니어 직원들이 입을 먼저 닫은 이유도 있다. 내가 해주고 싶은 말은 말하지 않으면 나의 힘듦을 누구도 알 수 없다는 것이다. 혼자 힘들어하다 퇴사라는 결론에 다다르기 전에 이혼 조정 기간처럼 조직과 나 사이에 조정 기간을 가져보자.

조직 구성원의 힘듦은 우리 모두의 책임이므로 회사에서는 면담이 꼭 필요하다. 상사도 '내가 잘하고 있나, 어떻게 조직을 더 잘 운영할 수 있을까'를 고민한다. 그러니 그들을 너무 꼰대라고 여기지 말고, 문제를 같이 풀어갈 결정적인 조력자라고 생각해보면 어떨까. 상사에게 조직을 더 잘 운영할 기회(?)를 주고, 나 역시 개선이 필요한 부분에 대해 노력하는 것이다. 상사와 면담까지 했는데도 변화가 없다면, 그때 결단을 내려도 늦지 않다.

보람 모멘트
찾기

이왕 하는 일, 즐겁게 하자

'모든 직장인의 꿈은 퇴사'라는 말이 마치 원래 있던 말처럼 아주 익숙한 요즘이다. MBC 예능 프로그램 〈아무튼 출근〉에서 카드 회사에 다니는 한 출연자가 사무실 책상에 써놓은 말이 큰 화제가 된 적이 있었다.

"언젠간 잘리고 회사는 망하고 우리는 죽는다."

월급쟁이에게 이보다 통찰력 있는 말이 있을까 싶다. 그렇다. 내 인생은 회사생활보다 길고 백배 천배 소중하다. 하지만 그럼에도 우리는 월요일 아침이 밝아오면 내 영혼은 집에 두고 올지언정 몸은 회사를 향한다. 벌써 14년 차 직장인이지만, 나는 아직도 이런 생각을 한다.

왜 일을 하는 걸까?

일하는 기쁨과 즐거움이라는 것은 무엇일까?

백수가 되면 행복할까

후배 하진이가 나를 찾아왔다. 늘 에너지 있던 그녀였는데, 그날따라 어째 풀이 죽어 보였다. "선배, 처음에는 부푼 꿈을 안고 컨설팅 회사에 들어왔는데, 지금은 아무 느낌 없이 그냥 일만 해요. 어릴 때 생각했던 컨설턴트가 된 내 모습은 정장 쫙 입고, 멋지게 PT 하는 것이었는데, 현실은 야근에 주말 출근에… 완전히 절어 있어요. 그러다 보니 요즘 들어 '굳이 왜 이런 힘든 생활을 하고 있지? 무엇을 위해서?'라는 생각이 자꾸 들어요. 회사생활이 재미가 없어지니 의욕도 없고, 그냥 일 그만두고 백수가 되는 게 꿈이 되고 있어요."

나도 그랬던 시절이 있어서 그녀에게 해줄 말이 있었다. 회사생활 10년 차에 돌입했을 때, 나는 회사생활의 권태기가 제대로 왔다. 모든 것에 의욕이 없고 힘이 빠지니, 건강에 이상 신호가 왔고, 결국에는 두 번째 회사를 그만두고 한두 달 쉬게 됐다. 꿈에 그리던 백수라니 생각만 해도 아픈 몸이 낫는 기분이었다. 그런데 막상 회사를 그만두고 나니, 생각보다 심심했다. 세상 돌아가는 일에도 관심이 없어지고, 하는 것 없이 멍하니 누워서 시간을 보내는 경우가 많아졌다. 더 큰 문제는 누워서 지내는 시간이 늘자 활력이 떨어졌고 몸이 다시 아파오는 것 같았다.

그러다 보니 '회사를 그만두면 여행도 맘껏 다니고 평일 오후 시간도 알차게 보내며 진짜 제대로 잘 보낼 줄 알았는데, 왜 난 이렇게 쉬는 기간도 잘 못 보내는 걸까? 그동안 내게 일은 어떤 의미였던 걸까?'라는 생각에 한동안 빠져 있었다. 우습게도 일하면서 죽기보다 싫었던 순간보다 보람을 느꼈던 기억들이 오롯이 떠올랐다.

국제개발협력 컨설팅 회사는 나의 두 번째 직장이었다. 그때 미얀마, 스리랑카의 4개 사업지를 돌아보며 성과평가하는 일이 주어졌다. 2주 출장 기간 동안 한국 외교부와 KOICA가 NGO와 함께 건립한 '미얀마 직업훈련 학교'가 잘 운영되고 있는지 프로젝트의 효과성을 평가하기 위해 미얀마 양곤에 방문했을 때의 일이다. 이곳은 저소득층 학생들이 제빵, 조리, 커피 등 직업훈련을 받고 돈을 벌며 자립할 수 있도록 도와주는 곳이었는데, 시간이 많지 않아 학교를 한 바퀴 둘러보며 대략의 인프라들을 확인하고, 교장과 교사들을 인터뷰하기 바쁜 상황이었다. 그런데 회의 중에 문이 삐 하고 열리는 것이었다. 순간 나는 '아니, 바빠 죽겠는데, 뭐야?'라는 생각을 하며 고개를 돌렸다. 문 앞에는 청소년쯤 되는 대여섯 명이 학생들이 두 손 가득 빵과 커피를 들고 환하게 웃고 있었다. "학생들이 드리고 싶다고 해서요. 직접 만든 빵과 커피입니다"라고 선생님이 설명하자, 아이들은 미얀마어로 "째주딘바대(감사합니다)"라고 말했다.

나는 프로젝트의 결과와 효과성을 측정하겠다며 들이댔던 설문지와 핸드폰 녹음기, 빽빽하게 채워진 회의록이 부끄러웠고, 짜증스러웠던 마음 사이로 따뜻한 온기가 들어오는 것 같았다. 학생들은 저마다 "이제 식당에 취업할 수 있게 됐어요", "돈을 벌어서 가족들에게 먹을 것을 사다 줄 수 있어요", "언젠가는 제 가게를 차리고 싶어요"라며 나에게 감사 인사를 했다(내가 지어준 학교도 아닌데). 그 작은 손에서 어찌나 강한 힘이 느껴지던지, 그들 덕분에 나 역시 이런 일을 할 수 있다는 것에 감사하다는 생각이 절로 들었다.

물론 국제개발협력 컨설턴트의 삶이 항상 이렇게 따뜻한 것은 아니다. 출장지가 거의 개발도상국의 시골 험지라 도로가 잘되어 있지 않아 비포장도로를 달리는 차 안에서 이리저리 튀느라 허리가 아픈 건 다반사고, 프린터도 전기도 없는 곳이라 자료 출력을 미리 해가야 해서 매번 박스 한가득 인쇄한 종이를 낑낑대며 들고 가야만 했다. 또 한번은 내전이 있는 나라에서 꼼짝없이 공항 옆 호텔에 갇혀 난생처음 총소리를 들으며 고국으로 돌아갈 수 있을까를 걱정하기도 했다.

그럼에도 내가 국제개발협력 컨설턴트로 이직했던 이유는 그 일이 누군가에는 삶의 기회이자 희망이 되기 때문이다. 리서치와 보고서와 회의의 연속인 하루하루에 치여 살다 보니 '내가 이 일을 하고 싶었던 이유'에 대해 잊고 살았던 것이다. 갖지 못했을 때는 갖기 위해 애썼던 것들이 막상 갖고 나면 그 소중함을 잊어버리는 것처럼 백수가 되고 나서야 일이 나에게 어떤 의미였는지 비로소 다시 보이기 시작했다. 일하기 싫다며 사표를 던졌지만 진짜 일하기 싫었던 건지, 다른 이유가 있지는 않았는지 내 마음을 다시 들여다보게 됐다. 그리고 나는 다시 출근을 시작했다.

보람 모멘트를 기록하자

일을 하면서 찰나의 강한 '보람'과 '뿌듯함'을 느끼는 순간을 '보람 모멘트'라고 한다. 보람 모멘트는 하고 있는 일에 따라 사람마다 다르다. 식당을 운영하는 주인은 손님이 맛있게 먹는 모습을 볼 때 힘들지만 셰프가 되기를 잘했다고 생각하고, 글을 쓰는 작가는 자신의 글이 업로드되자마자 기다렸다는 듯이 독자가 좋은 댓글을 써줄 때 기분이 좋다. 구청에서 일하는 공무원은 민원이 죽을 만큼 싫지만, 그래도 주민들의 '고맙다' 한 마디에 다시 힘이 나고, 주식과 펀드를 운용하는 매니저들은 실적 압박이 심하지만, 고객들에게 수익을 안겨주는 순간, 그들이 행복해하는 모습을 보는 게 좋다. 건설회사 사람들은 완성된 건물을 보면서 아들에게 '저거 아빠가 만든 거다' 할 때 가장 뿌듯할 것이다. 일이라는 것은 본질적으로 90%가 힘들고, 10% 정도의 보람 모멘트로 구성되어 있기 때문에 보람 모멘트가 없다면 일을 계속해나가기 힘들다.

그렇다면 90%를 이길 10%의 보람 모멘트는 어떻게 찾아야 할까? 방법은 어렵지 않다. 가만히 눈을 감고, 내가 왜 이 일을 하고 싶었는지, 언제 회사에서 웃었는지, 어떤 순간에 뿌듯함을 느꼈는지 등을 생각해보면 된다. 보람 모멘트는 이렇게 굳이 생각해내지 않으면 머릿속에서 알아서 떠오르지 않는다. 그래서 일이 항상 힘든 것이다.

나만의 보람 모멘트가 생각났다면, 메모장에, 수첩에, SNS에 기록해보자. 그리고 힘든 순간에 꺼내보자. 그것이 내가 일할 수 있는 원동력이 되어줄 것이다.

에필로그

따사로운 점심시간을 시작으로 이 이야기가 시작됐지만, 이야기를 마무리하는 지금은 어느 겨울날 퇴근 후 집 앞 작은 카페다. 창밖으로 퇴근한 사람들의 분주한 발걸음이 보인다. 마스크 속으로 보일 듯 말 듯한 얼굴들이 어째 꽤 좋아 보인다. 누가 그랬는데 하루 중 가장 행복한 시간은 '퇴근 시간'이라고. 일면식도 없지만 괜히 동질감이 생겨 말을 걸어보고 싶어진다.

"오늘도 무탈한 회사생활을 하셨습니까?"

"요즘도 여전히 회사생활 잘하고 있죠?"라는 한 후배의 안부 인사에 그것과 관련된 책을 쓰고 있다고 했더니 목차를 보여달라고 했다. "어, 이건 내 고민이었는데, 그때 제가 이야기했던 거잖아요. 맞죠?" 나는 고개를 끄덕이면서 "그런데 그 이야기를 한 사람이 너만은 아니야. 또 다른 후배들도 있었어"라고 말했다. 그랬더니 그는 자신의 고민을 도용(?)했으니 기념으로 이름을 책에 넣어달라고 했다(본인인 거 티 나면 창피하니 자기 이야기 말고 다른 에피소드에 넣어달라는 요구와 함께). 그렇게 나의 지인들과 사랑하는 후배들의 이름이 들어간 한 권의 책이 완성됐다(대부분 동의를 구해 적당히 각색했다).

이왕 버티는 거 성장하며 버팁시다

누군가가 인생은 '버티는 것'이라고 했다. 회사도 별반 다르지 않다. 다만, 나는 여기에 하나를 더하고 싶다. '성장하며 버티기'라고 말이다. 요즘 젊은 세대는 '대충 일하고 월급이나 받자. 뭔 성장이냐 시간이나 때우고 퇴근해서 나의 진짜 삶을 즐기자'라고들 한다는데, 그들이 보기에는 성장하며 버티자는 말이 어느 꼰대의 개똥철학이라 여길지도 모르겠다. 하지만 내가 봐온, 나와 함께 일해온,

내게 고민을 털어놓은 모든 젊은 직장인들은 진심으로 일을 잘하고 싶어했다. 누가 요즘 애들은 일하기 싫어한다고 했을까? 그들을 일하기 싫게 만든 건 일을 시키고도 어떻게 일하는지 알려주지 않은 회사(혹은 상사)일지도 모른다.

하지만 어쩌겠는가, 상사는 선생님이 아니고 회사는 학교가 아닌 것을. 그렇다고 해서 몇 년을 열심히 준비해서 들어간 회사를 얻은 것도 없이 그냥 박차고 나온다면 너무 억울하지 않은가. 심지어 하루 24시간 중 8시간 이상을 보내는 곳인데, 나의 시간이 너무 아깝지 않은가. 그래서 나는 힘들 때마다 '소중한 나의 시간과 노력을 투자했으니 업무적으로도 인간적으로는 하나라도 더 얻고 말 거야. 아주 그냥 빼먹을 수 있는 건 쏙쏙 빼먹어야지'라고 다짐한다.

업무적으로 일하는 스킬을 다양하게 경험하고 시도해보며 내 것으로 만드는 것뿐만 아니라 회사라는 특이한 공간에서 사람들과 부대끼며 이 사람은 도무지 이해가 안 되는데 그럼에도 불구하고 이해하려 노력하는 그 수많은 과정들은 나를 성장하게 했다. 계속 직장인으로서 회사에 소속될 사람이든, 회사를 그만두고 창업을 하는 사람이든, 한 아이를 키우는 훌륭한 양육자의 길을 걸을 사람이든 회사에서의 경험치는 우리가 인생을 살아가는 데 분명 도움이 된다. 말 안 듣는 미운 네 살과 날마다 사투하는 친구도, 컴플레인을 처리하느라 하루가 다 가는 것 같다고 말하는 얼마 전 스타트업을 시작한 선배도, 오늘도 말 안 통하는 빌런 상사 이야기에 분노하는 후배도 그 고민의 끝은 '어떻게 해야 내가 덜 스트레스 받고 더 잘할 수 있을까'이니 말이다.

이 책을 쓴 이유도 우리가 현재 무슨 일을 하고 있든 자기가 선택한 일에서 성장하길 바랐기 때문이다. 성장한다는 것은 쉬운 과정은 아니지만 나의 인생을 한 단계 더 레벨업시켜주는, 나를 더 나은 사람이 되게 하는, 그렇게 온전히 나를 위한 시간이 될 것이다.

이름을 넣어달라고 했던 후배가 물었다. "이 책 2권도 나오나요?" 하, 정말 예상하지 못한 질문이다. 나의 모든 생각과 영혼을 탈탈 털어넣어 야무지게 다져놓은 책이라 이거 말고 더 많은 이야기들이 나오는 게 가능할까 싶다. 전국구로 직장인 고민 상담소라도 열어야 하나. 그렇게 고민들이 또 한 바구니 모이면, 그때 2권이 나올 수 있지 않을까 나 역시 기대해본다.

이 책을 덮을 때쯤 우리는 삘짓 않고 제대로 일하게 됐을까? 자기 페이스대로 일하면서도 하고 싶은 말 다 하는 방법을 터득했을까? 내 노력이 헛수고가 되지 않고 성과로 인정받아 보너스를 두둑이 받게 될까? 그것도 아니면 적어도 이번에는 회사에서 잘 버티며 한걸음 더 성장해 있을까?

일 잘하는 방법에 관해 쓴 글이지만, 나는 일 잘하는 방법에는 정답이 있다고 생각하지 않는다. 그저 나의 이야기를 공유하며 '당신만 고민하고 있는 것이 아니다'라고 말해주고 싶었다. 그들에게 나의 경험과 일 잘하는 사람들의 솔루션이 조금이라도 도움이 됐으면 하는 마음이다. 오늘도 당신의 안녕한 회사생활을 위해서!

일타 사수의 업무력 노트

회사는 절대 가르쳐주지 않는 일 잘하는 법

초판 1쇄 발행 2023년 4월 14일
초판 3쇄 발행 2024년 3월 6일

지은이 장은영
펴낸이 성의현
펴낸곳 (주)미래의창

출판 신고 2019년 10월 28일 제2019-000291호
주소 서울시 마포구 잔다리로 62-1 미래의창빌딩(서교동 376-15, 5층)
전화 070-8693-1719 **팩스** 0507-0301-1585
홈페이지 www.miraebook.co.kr
ISBN 979-11-92519-47-0 03320

※ 책값은 뒤표지에 있습니다.